LORD BYRON

A VENISE,

DRAME EN TROIS ACTES, EN PROSE,

Par M. Ancelot.

Représenté pour la première fois, à Paris, sur le Théâtre-Français, le 6 Novembre 1834.

PRIX : 2 fr. 50 c.

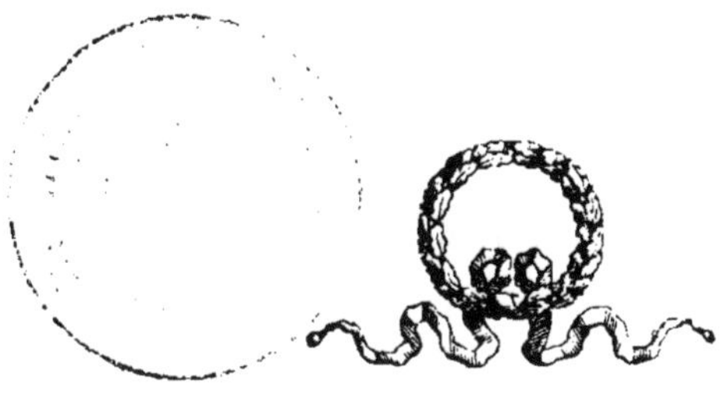

PARIS,

MARCHANT, BOULEVART SAINT-MARTIN, N° 12;

BARBA, LIBRAIRE, PALAIS-ROYAL.

1834.

PERSONNAGES.	ACTEURS.
LORD BYRON	M. LIGIER.
TRELAWNEY, Corsaire, son Ami	M. MONROSE.
LE COMTE OROBONI, noble Vénitien	M. MARIUS.
M. DE SENNEVILLE, jeune Français	M. MIRECOUR.
UN ANGLAIS	M. ARSÈNE.
WILLIAMS, Valet de chambre de lord Byron.	M. COSSARD.
LADY BYRON	Mme VERNEUIL.
LA COMTESSE OROBONI, femme du Comte.	Mlle NOBLET.
MARGARITA COGNI, nommée *Guitta* par abréviation, Fille du peuple et Vénitienne.	Mme DORVAL.
LADY MILWOOD, Anglaise	Mme GEFFROY.
UN OFFICIER AUTRICHIEN	M. MATHIEN.
ITALIENS, ANGLAIS, etc.	
DOMESTIQUES.	

La scène se passe à Venise, en 1823, dans le Palais Oroboni.

NOTA. Les personnages sont inscrits en tête des scènes comme les acteurs doivent être placés au théâtre : le premier tient la droite de l'acteur.

IMPRIMERIE DE DONDEY-DUPRÉ, RUE SAINT-LOUIS, N° 46, AU MARAIS.

LORD BYRON A VENISE,

DRAME EN TROIS ACTES, EN PROSE.

Le théâtre représente une terrasse qui joint le palais Oroboni à un autre bâtiment qui jadis en faisait partie. Sur le fronton de ce bâtiment, placé à gauche du spectateur, on lit: *Grande Albergo del Leone di San Marco.* Le palais Oroboni, situé vis-à-vis, à droite du spectateur, a deux portes sur la terrasse: celle au premier plan est ouverte. Tout près de cette porte, sur la terrasse, sont un divan et d'autres siéges. Au fond du théâtre, règne une balustrade coupée au milieu par un escalier dont les marches sont supposées baignées par l'eau du canal. La toile de fond, derrière cette balustrade, représente d'un côté une ligne de palais et d'édifices qui se perd au loin, et de l'autre la mer et des vaisseaux.

ACTE PREMIER.

SCÈNE PREMIÈRE.

Lady MILWOOD, *dans le fond, appuyée sur la balustrade;* LA Comtesse OROBONI, *sur le devant, à demi couchée sur un divan.*

LA COMTESSE, *à elle-même.*

Quelle délicieuse soirée!.. Ces grands palais, qui ne sont plus que les restes dévastés de la grandeur de Venise, vous emportent dans les siècles écoulés, et livrent l'ame à une rêverie profonde!... Je ne m'étonne pas que Byron soit venu chercher ici de nouvelles émotions et l'oubli des peines de la vie!... Tous les petits intérêts s'effacent devant ce grand spectacle!... Moi-même, je ne me souviens plus que par intervalles des amusemens qui m'enivraient à Paris; ici, je n'ose plus penser à ces plaisirs si frivoles, à la beauté si fragile, à la coquetterie si légère!... et pourtant j'ai tort!... Craignons ce ciel brûlant, ces émotions profondes! Gardons mon cœur paisible dans ce pays des ardentes passions!... Folles distractions, venez au secours de ma sagesse, et sauvez mon cœur du danger de réfléchir; car l'amour est terrible ici!... et Byron est à Venise!

LADY MILWOOD, *dans le fond.*

Voici encore cette jolie barcarolle que nous entendons si souvent.

LA COMTESSE.

C'est sans doute un signal d'amour : dans ce beau pays, la vie n'a qu'un but... le bonheur... et on l'atteint presque toujours.

LADY MILWOOD.

Vous ne regrettez donc pas la France, ma chère comtesse?

LA COMTESSE.

Peut-on regretter quelque chose sous un ciel si pur et si doux?... Et vous, mylady, pensez-vous toujours à l'Angleterre ?

LADY MILWOOD.

Je ne la regrette pas, mais je l'aime toujours.

LA COMTESSE.

Cette voix m'est connue.

LADY MILWOOD.

Écoutons !

GUITTA, *chantant dans la coulisse.*

Musique de M. Alphonse Varney.

Chantons la barcarolle,
Égayons nos travaux,
Car le plaisir s'envole,
Plus prompt que la gondole
Qui glisse sur les eaux !

Écoutez dans la plaine
Les joyeuses chansons !
L'heure du soir ramène
Le char de nos moissons.
Prions tous la madone !
C'est elle qui les donne
Ces fleurs dont les parfums embaument tous nos pas !
Que notre main les cueille !
Que l'amour les effeuille !
Les champs italiens ne s'épuiseront pas !

Chantons la barcarolle, etc.

LA COMTESSE.

Le chant cesse.

LADY MILWOOD.

La gondole s'arrête au pied de cet escalier : une femme monte.

LA COMTESSE.

Ah ! je l'avais reconnue ; c'est la fornarina Margarita Cogni.

LADY MILWOOD.

Dont je vous ai souvent entendu parler.

SCÈNE II.

LADY MILWOOD, LA COMTESSE, MARGARITA.

GUITTA, *un panier à la main.*

Elle-même, et qui vous est toute dévouée, madame la comtesse ; car elle n'oublie pas les services que vous lui avez rendus, et si elle pouvait...

LA COMTESSE.

Rien, Guitta, rien du tout!..... un peu d'argent ; qu'est-ce que cela?..... Ne m'as-tu pas payée en attachement ? c'est moi qui te redois quelque chose. Mais voilà plus d'un mois que tu n'es venue au palais Oroboni ; c'est mal.

GUITTA, *soupirant.*

Vous dites vrai.

LA COMTESSE.

Entre donc, Guitta, et reviens.

(Guitta entre dans le palais Oroboni.)

LADY MILWOOD.

Je ne m'étonne point si je ne l'avais pas encore vue, puisqu'il n'y a qu'un mois que je suis arrivée à Venise.

LA COMTESSE.

Oui ; et c'est à cette époque qu'à votre recommandation, j'ai accueilli lord Byron, votre illustre compatriote.

LADY MILWOOD, *à part.*

Si elle savait que c'est pour lui seul que je suis venue !

LA COMTESSE.

J'ai consenti à lui céder toute cette partie du vaste palais Oroboni, si triste à habiter seule, mais bien agréable depuis que vous avez choisi pour votre demeure cet hôtel du Lion de Saint-Marc, où s'arrêtent tous les étrangers de distinction.

LADY MILWOOD.

Grâce à cette terrasse, nous sommes presque logées ensemble.

LA COMTESSE.

Il est vrai.

LADY MILWOOD.

Notre curiosité est vivement excitée par une étrangère débarquée ici depuis deux jours : tout est mystérieux dans cette femme ; elle est constamment renfermée, elle ne voit personne.

LA COMTESSE.

Il faut respecter ses secrets : n'avons-nous pas les nôtres?

LADY MILWOOD.

C'est juste !

LA COMTESSE.

Cet hôtel, cette auberge, pour mieux dire, faisait partie jadis de l'habitation des ancêtres du comte Oroboni, mon époux ; mais il semblerait, en vérité, que les hommes de notre siècle sont trop petits pour les vastes demeures de leurs aïeux ! Qu'il a fallu de changemens dans leurs idées et dans leurs fortunes, pour que les descendans de ces illustres et puissantes familles vénitiennes en soient arrivés à livrer à tout venant, pour un peu d'or, leurs somptueuses habitations, ou à les laisser chaque jour s'écrouler sous leurs yeux!

GUITTA, *rentrant en scène et entendant la dernière phrase.*

Ah! vous parlez de notre pauvre Italie?... la liberté lui rendra tout ce que l'esclavage lui fit perdre.

LADY MILWOOD.

Margarita a raison d'espérer.

LA COMTESSE.

Peut-être!..... mais je n'en dirai pas moins : ce n'est plus le tems des palais !... En France, on les voit démolir ; à Venise, on les voit tomber.

LADY MILWOOD.

En France comme à Venise, j'admire en vous cet esprit aimable et observateur qui me charme et m'amuse ; que je suis heureuse de retrouver ici une connaissance faite avec tant de plaisir, à Paris, il y a trois ans!

LA COMTESSE.

A cette époque, vous étiez déjà veuve, et moi, je n'étais pas encore mariée.

LADY MILWOOD.

Je cherchais à me distraire de l'ennui du veuvage.

LA COMTESSE, *souriant.*

Que de bals, de fêtes et de spectacles il nous a fallu contre ce chagrin-là ! vous en souvient-il?... Mais le moyen nous a si bien réussi, que moi je l'emploie tous les jours.

LADY MILWOOD.

Mais... vous n'êtes pas veuve!

LA COMTESSE, *soupirant.*

C'est peut-être pour cela.

LADY MILWOOD.

Qu'entends-je? N'êtes-vous pas heureuse avec le comte Oroboni?

LA COMTESSE.

Oh! mon Dieu, oui!... Quoique je sois Française, ma mère, par suite d'arrangemens de fortune, m'avait promise au comte, qui est Italien : je ne le connaissais pas!..... Il arriva, me prit sans me connaître, et nous n'avons pas fait autrement connaissance que de nous trouver mariés un beau jour!..... Depuis deux ans il m'a amenée à Venise; il ne me donne aucun sujet réel de plaintes; mais il semble s'être à peine aperçu de son mariage.

LADY MILWOOD.

En vérité?

LA COMTESSE.

Il y a dans l'ame d'Oroboni une passion qui absorbe tout, qui passe avant ses amours, avant ses intérêts, avant ses plaisirs. Il aime l'Italie, sa patrie esclave, et ce sentiment a en lui toute la force d'une passion malheureuse et comprimée. Il forme pour elle des vœux, des projets, des espérances, auxquels son orgueil italien dédaigne d'associer la Française qu'il a pour compagne; et moi, je ne sollicite pas la confiance qu'il me refuse. Ainsi nous nous trouvons séparés d'idées et d'habitudes; on ne nous voit presque jamais ensemble, et parfois je me surprends à dire : Quel est donc cet étranger dont je suis la femme?

LADY MILWOOD.

Que vous êtes heureuses, vous autres Françaises, de prendre si légèrement les choses les plus graves de la vie!

GUITTA, *à la Comtesse.*

Dans votre pays, dit-on, on ne sait ni aimer, ni haïr.

LA COMTESSE, *souriant.*

Crois-tu que ce soit un mal?

GUITTA.

Si c'en est un de ne pas vivre!

LA COMTESSE.

L'entendez-vous, mylady!... Margarita s'exprime si vivement qu'elle m'étonne toujours!... Ce serait bien pis, si elle avait une passion.

GUITTA.

Eh bien, le pis est arrivé.

LA COMTESSE, *riant.*

Vraiment, Guitta?

GUITTA.

Et voilà pourquoi, depuis un mois, je n'ai pas eu le tems de venir au palais Oroboni.

LADY MILWOOD.

Je serais curieuse de connaître l'objet de son choix.

LA COMTESSE.

Allons, Guitta, fais-nous tes confidences!..... Ce doit être plaisant.

GUITTA, *vivement.*

La pauvre Guitta vous est toute dévouée, comtesse!... mais elle ne livre pas le secret de son cœur pour amuser l'oisiveté des grandes dames.

LADY MILWOOD.

Pardon, Margarita!

GUITTA.

Si vous êtes riches et titrées, moi je suis vénitienne, voyez-vous!

LA COMTESSE.

Eh! là, là, ma chère!... nous sommes toutes trois de jeunes femmes qui aimons à parler d'amour; voilà tout!..... On ne veut pas t'offenser, Guitta.

GUITTA.

Par la madone!..... me feriez-vous vos confidences aussi, vous?

LADY MILWOOD.

Pourquoi pas, si nous avions quelque chose à confier?

GUITTA, *finement.*

Dam! si vous disiez toute la vérité, peut-être.....

LA COMTESSE.

Sans doute, on a quelques soupirans; mais cela ne compte pas.

GUITTA, *riant.*

Oh bien! avec moi, tout compte!... Mais, si je ne me trompe, cette jolie dame, avec son air si doux, n'est pas aussi calme, au fond du cœur, qu'elle voudrait le paraître.

LADY MILWOOD.

Moi!.....

(Elle soupire.)

GUITTA.

Allons, allons! je viens d'entendre un soupir qui peut passer pour une confidence!... Quant à madame la comtesse, je crois en effet qu'elle n'a rien à confier, si ce n'est le projet de tourner toutes les têtes, sans risquer la sienne... (*Elle passe au milieu.*) Eh bien! je ne ferai pas de mystères, vous aurez tous mes secrets.

LA COMTESSE.

A la bonne heure!

GUITTA.

Imaginez-vous que, depuis un mois, je voyais chaque matin

passer devant ma cabane un homme dont la figure m'avait frappée dès le premier aspect. Un jour, surpris par la pluie, il y a trois semaines de ça, il entra me demander un abri. A peine m'eut-il vue qu'il s'arrêta étonné; et moi, je me sentais troublée et saisie au seul son de sa voix!... Nous nous sommes regardés comme ça en silence... et nous nous sommes tout de suite aimés pour la vie!

LADY MILWOOD, *souriant.*

Et alors, sans doute, vous vous l'êtes dit?

GUITTA.

Oh! je n'avais pas besoin de le lui dire; il l'avait vu avant moi.

LA COMTESSE.

Quel est donc ce vainqueur si modeste?

GUITTA.

Je ne sais pas au juste; mais je crois que c'est un chasseur des environs; je l'ai vu souvent revenir des bois voisins chargé de gibier, ainsi que l'ami qui l'accompagne. Oh! ce n'est pas un bel efféminé comme vos sigisbés!..... mon ami aime à gravir des montagnes escarpées, à dompter un cheval fougueux, à traverser la mer à la nage, malgré les vents et les flots contraires.

LADY MILWOOD.

Je m'effraierais, je l'avoue, d'une conquête si sauvage.

GUITTA.

Je gage ma croix d'or que celui qui vous plaît ne vaut pas mon Nolly.

LADY MILWOOD.

Celui que j'aime... car, il faut bien en convenir, j'aime...

GUITTA.

Allons donc!... est-ce que ça peut être autrement?

LADY MILWOOD.

Celui qui m'est cher, livré comme moi aux rêveries de son imagination, ne trouve de charmes que dans la gloire; jamais ses mains délicates n'ont essayé de rudes et grossiers travaux; c'est son ame ardente, sa pensée brillante et profonde qu'il se plaît à exercer, et son génie s'anime et se développe dans le repos et la solitude.

GUITTA, *étonnée*, *à la Comtesse.*

Cette dame est étrangère?

LA COMTESSE.

Anglaise.

GUITTA.

Ah! c'est donc cela!

LA COMTESSE, *souriant.*

Tu ne comprends pas?... Mais moi aussi, Guitta, j'ai des idées bien différentes des vôtres!... Il faudrait pour me plaire, si toutefois un contrat n'avait pas confisqué, au profit du comte Oroboni, tous mes droits à l'amour et au bonheur, avec les deux cent mille francs de ma dot; il faudrait, dis-je, non pas, Guitta, ton sauvage ami, habitué aux violens exercices d'une vie toute de bruit et de mouvement! non pas, mylady, votre rêveur mélancolique et passionné! mais un aimable et joyeux dandy, prenant en gaîté les folies et les travers des hommes, se prêtant aux usages de la société, tout en leur rendant la justice de s'en moquer, sachant causer avec malice, et je ne dis pas qu'il ne puisse aussi faire caracoler avec adresse un beau cheval, défendre avec courage ses idées ou ses affections; mais il devrait d'abord avoir les grâces du monde.

GUITTA.

Eh! laissez donc! est-ce pour cela qu'on s'aime?... qu'il soit bien amoureux, il en saura toujours assez.

LA COMTESSE, *souriant.*

Nos idées diffèrent tellement, que nous ne serons jamais rivales.

GUITTA.

Non, certes!... Figurez-vous mon amoureux s'élançant sur un roc escarpé pour venir m'embrasser, au moment où je le crois bien loin; ou se jetant dans la Brenta pour chercher le baiser que je lui envoie de l'autre rive.

LADY MILWOOD.

Et mon poète, le voyez-vous, imaginant un monde meilleur, afin d'y placer nos rêves d'amour, trop purs et trop doux pour celui-ci.

LA COMTESSE.

Qui n'admirerait, au milieu du cercle brillant qui se resserre pour l'entendre, l'esprit ingénieux et les saillies piquantes de l'homme qui parfois occupe ma pensée?

GUITTA.

Moi, je ne pardonnerais pas la plus légère infidélité.

LADY MILWOOD.

Ni moi!

LA COMTESSE.

Moi... je ne sais!

GUITTA.

L'inconstance et l'oubli! Ce serait bien pis..... si mon amant me quittait pour une rivale!

LA COMTESSE.

Eh bien?

LADY MILWOOD.

Moi, je mourrais de douleur !

GUITTA.

Moi... je le tuerais !

LA COMTESSE.

Ah !... moi... je crois... que...

GUITTA.

Que..... vous en aimeriez un autre.

LA COMTESSE, *riant.*

C'est possible.

LADY MILWOOD.

Ah !...

LA COMTESSE.

Eh bien ! puisque nous avons tant fait, voyons : une confidence entière !... le nom de celui que vous aimez, milady ?

LADY MILWOOD.

Direz-vous le nom de l'homme qui vous occupe ?

GUITTA.

Oui, oui ! Je n'ai rien caché, moi !... parlez, mesdames ; son nom !

LADY MILWOOD, *hésitant.*

Son nom ?...

LA COMTESSE, *hésitant.*

Son nom ?...

UN DOMESTIQUE, *annonçant.*

Lord Byron.

LADY MILWOOD, *à part.*

Byron !

LA COMTESSE, *à part.*

C'est lui !

GUITTA, *au moment où Byron paraît, à part.*

Nolly ici !...

SCÈNE III.

TRELAWNEY, BYRON, LA COMTESSE, LADY MILWOOD, GUITTA.

BYRON, *bas, en souriant à Trelawney.*

Toutes les trois !. . (*Haut, en s'avançant.*) Madame la comtesse Oroboni a daigné permettre que j'eusse l'honneur de lui présenter mon ami Trelawney !

LA COMTESSE.

Vous savez, mylord, combien je le désirais.

GUITTA, *à part et stupéfaite.*

Mylord !...

TRELAWNEY, *à la comtesse.*

Veuillez, madame, agréer tous mes remercîemens.

LA COMTESSE, *à lady Milwood.*

Vous avez entendu parler, mylady, de la vie aventureuse de votre compatriote, et du courage incroyable qu'il déploya durant ses longues excursions? Tant d'années passées sur la mer!...

TRELAWNEY.

Eh! qu'aurais-je fait ailleurs?

GUITTA, *à part.*

Nolly..... mylord?..... et il semble ne pas m'apercevoir!...

BYRON, *avec une ironie amère.*

Conquérant ou pirate!..... n'est-ce pas, Trelawney, c'est là vivre!... Mais végéter au milieu du monde, y ployer son énergie sous le joug qu'une majorité de sots impose à tout ce qui ne lui ressemble pas, y comprimer l'élan de sa pensée et les mouvemens de son ame, voilà, certes, une lutte plus pénible et moins glorieuse que celle où il s'engageait chaque jour en conduisant son navire entre une tempête, un combat et un écueil!... car, notre compatriote, mylady, n'a guère non plus à se louer de l'Angleterre!... il est comme moi!... la patrie ne le traite pas en enfant gâté!

TRELAWNEY.

Et nous la traitons en enfans ingrats.

GUITTA, *à part.*

Je ne sais que penser, et j'ai peine à me contenir.

LADY MILWOOD, *à Byron.*

Oh! ce n'est pas pour toujours que vous l'avez abandonnée?

BYRON.

Pour toujours, mylady!... mon vieux château restera désert.

GUITTA, *à part.*

Son château!

(Elle va derrière prendre la droite de l'acteur.)

BYRON.

Les ronces croîtront dans l'avenue, et le chien solitaire hurlera sur le seuil de la porte à jamais fermée.

TRELAWNEY.

Quant à moi, comme, hormis quelques coups de poing et quelques coups de pied, je n'ai rien reçu de ma espectable famille, je ne peux avoir ni terres, ni château à regretter... pas même un chien.

BYRON.

Tant mieux pour toi! Si je retournais dans mon domaine, le mien peut-être viendrait au-devant de moi pour me mordre.

LA COMTESSE.

Ah! pourquoi, mylord, vous plaisez-vous ainsi à détruire nos illusions? laissez donc quelque espérance à nos amitiés!... ne fût-ce que les chiens.

BYRON, *d'un ton affectueux.*

Vous n'avez rien à craindre, madame! vous trouverez en fait d'attachement bien au-delà de vos désirs.

GUITTA, *à part.*

Comme il la regarde!

LADY MILWOOD.

Je vous attendais ce matin chez moi, mylord.

LA COMTESSE.

Ah!...

BYRON.

Des affaires sans nombre...

GUITTA, *s'approchant de lui.*

Qui êtes-vous donc?..... ces dames vous nomment mylord... vous parlez de château...

BYRON, *à demi-voix.*

Chut!

TRELAWNEY, *bas à Guitta.*

On vous expliquera cela.

LADY MILWOOD, *à Byron.*

Vous connaissez cette jeune fille?

TRELAWNEY, *vivement.*

Dans nos promenades aux environs de Venise, nous l'avons quelquefois rencontrée.

LA COMTESSE.

Comment?... Est-ce que ce serait...

GUITTA.

Ah! madame...

BYRON, *Il fait signe à Guitta de se taire; elle s'arrête. — A part en souriant.*

Le moment est difficile!

LA COMTESSE.

Mais serait-il donc possible?... non!... c'est une folie!

LADY MILWOOD.

Qu'avez-vous supposé?

LA COMTESSE.

Je pensais que ces messieurs qui courent le monde pour chercher des aventures, des plaisirs, des dangers et des succès, en avaient peut-être trouvé sur les bords de la Brenta; enfin, que l'homme dont Guitta nous parlait tout à l'heure...

LADY MILWOOD.

Cela est-il croyable?... Le portrait qu'elle a tracé ne ressemble guère à celui que moi-même j'esquissais de mylord.

GUITTA, *à part.*

C'était de lui qu'elle parlait!

TRELAWNEY, *à part.*

Cela va se gâter!... Tâchons de changer la conversation..... (*Haut.*) Quelle soirée, mesdames! quelle vue pour des regards habitués à cette triste et terne atmosphère de Londres!

GUITTA.

Va, nos cœurs italiens ressemblent moins encore au cœur de tes froids Anglais! Ils ne savent pas contraindre ce qu'ils sentent.

TRELAWNEY.

Il n'est pas toujours prudent de tout dire.

GUITTA.

Ni habile de tout cacher.

LADY MILWOOD, *avec colère.*

Non! car tout se découvre à la fin!... et l'on pourrait encore apprendre...

BYRON, *d'un ton moqueur.*

Quoi donc, mylady?

LA COMTESSE.

On prétend en Angleterre que quelquefois, à Paris, une femme à la mode voit près d'elle l'homme qui lui a plu, celui qui lui plaît et celui qui lui plaira : je nie le fait pour mes compatriotes; mais ne serait-il pas possible que pareille chose se rencontrât dans un autre pays, et ne serait-ce pas beaucoup plus étrange, si ce n'était point une femme qui se trouvât dans cette situation?

BYRON.

Est-ce que cela se pourrait?

LADY MILWOOD, *avec aigreur.*

Pourquoi pas? On dit bien en France que les Anglais sont des modèles de constance et de fidélité!

LA COMTESSE, *riant.*

Voilà cependant comme sept lieues de mer entre deux pays peuvent fausser toutes les idées!

GUITTA.

Ah çà! depuis une heure, je regarde, j'écoute, et j'ai peine à comprendre!... Qui êtes-vous? Ai-je été trompée au point de ne pas même soupçonner à qui je donnais mon cœur?

LADY MILWOOD, *à part.*

C'était donc lui!

LA COMTESSE, *à part.*

O mes beaux rêves!

TRELAWNEY.

Nous naviguons au milieu d'un orage!

GUITTA.

Que parlez-vous d'orage? J'aurais dû vous y laisser exposés mille fois plutôt que de vous ouvrir ma pauvre cabane!... Oh! vous avez beau chercher à m'imposer silence!... Je ne puis être tranquille quand mon bonheur est menacé, quand je ne sais plus que penser de celui que j'aime, quand peut-être je suis trompée, trahie!....... Car c'est lui, madame; c'est Nolly!... mes amours, mon bonheur, ma vie!... lui enfin!...

(Elle va près de Byron et lui saisit la main.)

LADY MILWOOD, *avec colère.*

Eh bien! mylord!...

BYRON.

Eh bien! mylady!...

TRELAWNEY.

Donnez-vous donc la peine de cacher un secret trois semaines!

GUITTA, *regardant les dames l'une après l'autre.*

J'ai tout vu!... tout m'est expliqué maintenant!... Ce poète rêveur, c'était lui aussi!... Cet homme brillant et spirituel, comme vous dites, c'était lui encore!... Mais qui est-il donc celui qu'on peut aimer avec des goûts si différens, celui que la pauvre Guitta prenait pour son égal, dont mylady vantait le génie, et que vous appelez mylord?...

LA COMTESSE.

C'est lord Byron.

GUITTA.

Byron!...

BYRON, *riant.*

Tu ne sais pas ce que c'est, Guitta?

GUITTA.

Je sais que je suis malheureuse.

BYRON.

Pourquoi?... Est-ce parce que la voix de celui qui t'a dit: je t'aime! a aussi prononcé des discours au Parlement, où il a rang parmi les pairs d'Angleterre? Va, console-toi!... Ils ne m'ont pas seulement compris, et j'ai renoncé à cet honneur!... Je ne voudrais pas d'un trône acheté par de l'ennui!... On t'a dit peut-être aussi, Guitta, qu'il s'attache à mon nom une célébrité poétique?... Et tu ne comprends pas?... Tant mieux!... Tu saurais que je lui dois d'être la proie du premier barbouilleur de papier qui se croit en droit de me dire des injures à tant la page!... Tu penses que l'on m'aime?... Non, ma pauvre Guitta, non!... Celle en qui j'avais placé mon bonheur, m'a repoussé avec des paroles de haine!... Va, ne crains rien, toi qui m'as aimé pour moi-même, sans savoir que j'étais Byron! Viens, reste près de moi!... Ton sourire me console de ce qu'ils appellent ma fortune et ma gloire.

LADY MILWOOD, *à part.*

Puissé-je me venger un jour!

LA COMTESSE, *à part.*

Heureusement j'avais retenu mon cœur!

TRELAWNEY, *à Byron.*

Voici du monde! Cela fera diversion.

GUITTA.

Il m'aime!... Allons! plus de chagrin!... Qui que vous soyez, mon bonheur vient de vous, et ma vie vous appartient!

(Pendant que parle Guitta, la comtesse et lady Milwood remontent le théâtre et vont au-devant des gens qui arrivent.)

SCÈNE IV.

GUITTA, TRELAWNEY, BYRON, LE COMTE OROBONI, LA COMTESSE, M. DE SENNEVILLE, LADY MILWOOD.

LE COMTE.

Pardonnez-nous d'interrompre une conversation...

BYRON.

Dont le sujet n'était pas assez du goût de tout le monde, pour que votre présence ne soit vivement appréciée, monsieur le comte.

LE COMTE.

Ces dames veulent bien agréer mes hommages? (*A Trelawney.*) Je suis charmé de retrouver l'intrépide voyageur; son courage ne sera peut-être pas inutile ici!... Bonjour, Guitta!... (*A Byron.*) Voilà, mylord, une véritable Italienne!... La société et les modes étrangères ont gâté la plupart de nos grandes dames; la figure et le cœur italiens se sont conservés purs sous ce costume. (*A la Comtesse.*) Mais, ma chère amie, vous aviez prié votre compatriote, M. de Senneville, de vous conduire au bal, et vous l'avez oublié, ce me semble.

LA COMTESSE.

En ce moment, je l'avoue, je n'y pensais vraiment plus.

SENNEVILLE.

Et moi qui étais exact pour la première fois!... (*Il regarde à sa montre.*) Une heure de retard!... mais on est si peu libre!... et puis, qui pense à l'heure.?

LA COMTESSE.

Vous voulez nous faire entendre que vous pensez à des choses plus importantes que le bal.

SENNEVILLE.

Eh! qui se plaît au bal? qui peut supporter ces vulgaires amusemens? Pour moi, depuis long-tems revenu des plaisirs, la vie ne me semble plus qu'une chose bien maussade!... Et l'amour?... l'amour! qui peut y croire encore? (*A Byron.*) N'est-il pas vrai, mylord, que, nous autres poètes, exilés dans ce monde, nous ne trouvons plus rien qui puisse satisfaire notre cœur?

BYRON.

Parlez pour vous, monsieur.

SENNEVILLE.

Comment? n'avez-vous pas exprimé en vers admirables cette lassitude de la vie, cette fatigue des succès qu'éprouve l'homme que de hautes facultés ont placé au-dessus de ses semblables, ou que des passions dévorantes ont blasé sur les plaisirs vulgaires?... Comment s'astreindre aux sots usages de la société, à ces bals monotones, à ces insipides visites? Pouvons-nous vivre, comme les autres, de la vie ordinaire?

LE COMTE, *souriant.*

Il me semble qu'avant l'arrivée de mylord à Venise vous vous en trouviez fort content, et qu'hier encore, à table, vous vous arrangiez assez bien de la vie qui dîne.

LA COMTESSE.

Pourquoi donc, à l'âge des plaisirs, sans qu'aucun chagrin vous ait affligé, venez-vous proclamer ce singulier dédain?

SENNEVILLE.

Celui qui a tout senti, tout éprouvé des joies mensongères de ce monde, reste triste et flétri!...

BYRON.

Quand atteignez-vous votre majorité, monsieur de Senneville?

SENNEVILLE.

Dans dix-huit mois, mylord!... Mais les années se comptent par les idées et par les sensations; et, comme Lara, je suis bien vieux!

LA COMTESSE, *souriant.*

Lara!... c'est cela!... En vérité, les hommes de génie devraient prendre garde à ce qu'ils écrivent; car ils sont responsables de bien des sottises.

LE COMTE.

Aussi, pourquoi perdre dans l'inaction des jours précieux? Cette vie futile, ces plaisirs frivoles, je ne m'étonne pas qu'ils vous lassent. Employez votre jeunesse à des entreprises glorieuses.

SENNEVILLE.

Ah !...

LE COMTE.

Écoutez-moi !... ici nous avons besoin de courage et de force !... Trelawney, puis-je compter sur vous ?

TRELAWNEY.

Si vous avez des dangers à m'offrir, me voilà ! car je sens déjà l'ennui du repos.

LE COMTE.

Bien !... Monsieur de Senneville, je vous trouverai des plaisirs sur lesquels vous ne pouvez être blasé !... (*A Byron.*) Mylord, quand on possède la plus grande gloire littéraire de son siècle, reste-t-il un désir ?

BYRON.

Qu'est-ce qu'écrire, comte, dans le tems où nous vivons ? Qu'est-ce qu'une réputation littéraire dans le siècle qui a vu Napoléon ?

LE COMTE.

Sa renommée, il est vrai...

BYRON, *tristement.*

A rendu terne toute gloire passée, et impossible toute gloire à venir.

LA COMTESSE, *à lady Milwood.*

Je vous le disais tantôt, mylady, voila mon mari arrivé, et la politique avec lui.

(Elles causent bas en marchant vers le fond.)

LE COMTE.

Il a su conquérir bien des peuples : il reste à faire plus peut-être.

TRELAWNEY.

Quoi donc ?

LE COMTE, *à demi-voix.*

Les affranchir !

BYRON.

Chut ! comte !

TRELAWNEY.

Mon bras est à votre service.

BYRON, *au Comte.*

Il ne suffit pas qu'une entreprise soit juste et sainte, il faut encore qu'elle soit possible.

LE COMTE.

Nous y pensons depuis long-tems : tout est prêt !... les plus nobles familles, les écrivains les plus distingués...

BYRON.

Que de victimes déjà !...

LE COMTE.

Chaque martyr de la liberté enfante pour elle des nouveaux partisans.

BYRON.

Ici, le courage n'est que dans les rangs élevés ; vous n'auriez que des chefs et point d'armée !... Il faut attendre.

LE COMTE.

Nous avons trop attendu !... (*A demi-voix.*) Demain une tentative nouvelle à diriger...

BYRON, *lui prenant la main.*

A diriger ?... à commander ?...

LE COMTE.

Ce poste, je suis chargé de vous l'offrir !... Votre haute renommée...

BYRON, *avec joie.*

Ah ! enfin..... comte, ma fortune et ma vie pour la liberté !

LE COMTE.

Demain vous connaîtrez tous nos projets.

BYRON.

Demain !... Demain peut-être nous échangerons notre plume contre une épée ! (*A M. de Senneville qui était allé près des deux femmes, et qui se rapproche avec elles.*) En attendant, monsieur de Senneville, je vous conseille de vous rendre au bal, et de vous amuser comme un simple mortel : personne ne le trouvera mauvais !... N'allez pas vous imposer follement une contrainte inutile, et craindre, à chacun de vos mouvemens, de compromettre un grand homme futur.

SENNEVILLE, *piqué.*

Mais, mylord !...

BYRON.

Ne vous fâchez pas, monsieur de Senneville !... J'ai le droit de vous parler ainsi, car on m'accuse de vos folies. Vous n'êtes pas le seul, au reste, qui, comprenant mal mes idées, ayez ajouté à mes torts ceux que vous vous donnez en mon honneur !... Mais je ne veux pas d'une gloire qui ne m'appartient point ! Il serait curieux vraiment d'entendre nos jeunes gens proclamer la satiété comme un attribut du génie, l'ennui comme une supériorité, et que l'on s'en prît à moi !... à moi, dont le cœur passionné s'est brisé contre les entraves de la société !..... à moi, dont la pensée s'est éveillée brûlante sous un ciel pâle et glacé !..... Savez-vous ce que c'est, monsieur, que cette indifférence, ce prétendu dégoût de la vie et de ses plaisirs, qu'affectent quelques-uns de nos dandys ? C'est la nullité avec son impuissance, la sottise avec ses prétentions, la fatuité avec ses ridicules; et cela ressemble autant au génie qu'une lampe éteinte ressemble au soleil!... Ah! laissez votre ame à ses impressions de vingt ans, si vous voulez être un homme à trente!... Voyez ce beau ciel!... eh bien! qu'il vous inspire!..... Que ces mâts, qui surgissent devant vous, reportent vos idées sur les mers sans bornes qu'ils ont parcourues, sur les affections qui les ont suivis, sur les tempêtes qui les ont menacés!... Que votre pensée multiplie et féconde toutes vos impressions, au lieu de les éteindre!... C'est là qu'est la vie! c'est là qu'est la poésie! (*Il s'approche de la Comtesse, et continue de parler à Senneville, en la regardant d'un air caressant.*) Que votre cœur batte près d'une femme; que vous sentiez à côté d'elle un trouble qu'aucun langage ne peut rendre; que sa main fasse trembler la vôtre; que votre ame reste suspendue aux mots qui s'échappent de ses lèvres; que le bonheur vous enivre; que la douleur vous déchire!... Et peut-être, dans ces brûlantes émotions, surprendrez-vous quelques-uns de ces mystères de la nature, qu'elle seule révèle au génie, et dont la satiété, pas plus que l'affectation, n'aura jamais le secret. (*Son ton redevient moqueur.*) On dit, monsieur de Senneville, que vous dansiez à merveille avant mon séjour à Venise?... Faites, je vous en prie, comme si je n'y étais pas!... (*Indiquant la Comtesse.*) Cette jolie main va vous appartenir pour la première contredanse... Ah! ne refusez pas, comtesse!... Je lui dois cela!... (*A Senneville.*) Regardez donc! Cette toilette est charmante!... (*A demi-voix.*) Enfant, vous avez rougi de jalousie!... Tout n'est pas désespéré... Je vous cède cette petite main!... (*Il passe près du Comte.*) A nous, comte!... Et dès ce jour!...

LE COMTE.

Vos brûlantes paroles défendront notre cause sacrée.

BYRON.

Des paroles!... non, non!... Il faut agir.

TRELAWNEY.

Notre épée va demander enfin au monde la place que nous devons y occuper.

LA COMTESSE, *souriant.*

Et nous allons, nous, tâcher d'arriver à tems pour en trouver une au bal. (*A Byron.*) Vous y viendrez, mylord?

BYRON.

Sans doute, madame, j'aurai l'honneur de vous y voir.

(M. de Senneville donne la main à la Comtesse; lady Milvood prend celle du Comte; ils sortent.)

SCÈNE V.

GUITTA, BYRON, TRELAWNEY.

TRELAWNEY.

Voyez donc, mylord, la mine que fait Guitta!

GUITTA

Eh bien! oui, je l'avoue, mon cœur n'est pas tranquille! Que peut être la pauvre Guitta auprès de ces deux grandes dames?... Et pourtant, ne crois pas que je cède aisément l'amour que tu m'as promis.

BYRON.

Ne crains rien!... Ces dames, dis-tu?... La vanité de l'une et la coquetterie de l'autre se sont amusées un moment!... voilà tout! Toi, Guitta, tu m'as plu, parce que tu m'as aimé sans me connaître.

GUITTA.

Et je vous aime bien encore, quoique je sache maintenant que vous êtes un hérétique, comme tous ces damnés d'Anglais!.. Notre-Dame la Sainte-Vierge, et Sainte-Margarita, ma patronne, me le pardonnent!... Mais à présent Guitta n'est plus maîtresse de son cœur!... Il est à toi!

BYRON.

Bonne Guitta!

TRELAWNEY.

Diable!..... Vous allez m'attendrir, si je n'y prends garde!... Et cependant une affaire d'un tout autre genre devrait nous occuper.

BYRON.

Il dit vrai!... Va, ma chère enfant, retourne à ta demeure paisible!... Demain, dès la pointe du jour, tu reverras, non pas Byron, mais Nolly, ton ami.

GUITTA.

Mon ami!..... Tout est là!..... Que me fait le monde, ton rang, ta fortune?..... Tout est dans ce mot : tu m'aimes!... (*Elle lui tend la main.*) A revoir, Nolly!

BYRON.

A revoir, Guitta!

(Elle sort par l'escalier du fond.)

SCÈNE VI.

WILLIAMS, BYRON, TRELAWNEY.

BYRON.

Quel naïf amour!...... Mais écoute, Trelawney : qui donc vient encore?

WILLIAMS.

Une lettre pour Son Excellence.

BYRON, *prenant la lettre et l'examinant sans l'ouvrir.*

Une écriture de femme!.... Elle m'est inconnue.

WILLIAMS, *à demi-voix à Trelawney.*

Monsieur s'est-il occupé de ce que je lui ai demandé?

TRELAWNEY.

Pas encore.

WILLIAMS, *idem.*

Ne m'oubliez pas, je vous en prie; voici le moment.

(Il sort)

BYRON, *qui a continué d'examiner la lettre.*

Non, je ne puis deviner de qui est cette lettre..... mais cette écriture est celle d'une Anglaise.

TRELAWNEY.

Encore quelque missive amoureuse!..... Il n'y en a plus que pour vous, depuis votre séjour à Venise.

BYRON, *jetant la lettre sur le divan.*

Cet écrit, ces caractères..... oui, Trelawney, c'est d'une Anglaise... mais ce n'est point d'elle!.. .. Sais-tu que j'ai écrit vingt fois, cent fois, depuis huit ans?... Huit années, mon ami!.. Et mes prières, mes lettres, tout est resté sans réponse!.. Ma fille, mon enfant est séparée de moi!..... Elle ignore que je l'aime!..... Elle ne connaît pas son père!...

TRELAWNEY.

Encore!... vous paraissiez avoir oublié vos chagrins.

BYRON.

Ecoute!..... J'ai cru pouvoir m'étourdir, effacer son image... Car son mépris seul avait accueilli mon amour; car elle m'a repoussé, maudit!... Eh bien! le croirais-tu?..... je n'ai jamais aimé qu'elle.

TRELAWNEY.

Je ne m'en serais pas douté.

BYRON.

Quand je lis l'amour dans les yeux de Guitta, je ne puis m'empêcher de me dire, en pensant à une autre: Ah! si elle m'eût aimé ainsi!... Une femme encore dans ce pays m'a aimé... et j'ai troublé sa vie, sans rencontrer le bonheur... Une seule pensée est là, toujours!... Conçois-tu qu'il y ait une femme qui ne sache point pardonner?

TRELAWNEY.

Eh! eh!... Dois-je dire toute ma pensée?

BYRON.

Parle!

TRELAWNEY.

Ecoutez donc!... Votre genre de constance m'a bien l'air d'être de ceux que les femmes n'apprécient guère... et lady Byron doit être encore plus délicate que moi sur le choix de vos consolations.

BYRON.

Lady Byron!... Oh! je t'en prie, ne prononce pas ce nom, Trelawney!... Il me fait mal comme une amère raillerie!... Ces femmes, ces amours, cette gloire, c'est du bruit que j'ai cherché pour étouffer celui de sa haine qui me poursuit.

TRELAWNEY.

Vous devriez avoir réussi; car le diable m'emporte si, au bruit que vous avez fait, on eût entendu Dieu tonner.

BYRON.

Tu m'impatienterais, si tu ne me faisais rire.

TRELAWNEY.

L'un vaut mieux que l'autre!..... Au reste, mylord, notre situation a quelque ressemblance : ma famille m'imposait un joug insupportable... J'ai planté là mes honorables parens avec leurs remontrances et leurs coups de pied!..... Le monde est la famille des grands hommes, mylord. Ses préjugés, ses lois, ses usages, vous accablaient de leurs ennuis... Vous avez abandonné l'Angleterre avec ses haines, ses calomnies, ses idées gênantes et despotiques!... Tout ce que les autres hommes respectent et regardent comme sacré, nous en voilà débarrassés à jamais!... C'est bien le diable si, après avoir envoyé promener tous les ennuis, il nous reste autre chose que du bonheur!..... Qu'en pensez-vous?

BYRON.

Si nous nous étions trompés l'un et l'autre, Trelawney?

TRELAWNEY.

Bah!... Alors, il faudrait nous étourdir; et, en fait de bruit, le meilleur est celui du canon.

BYRON.

J'en essaierai. . Je suis si malheureux!

TRELAWNEY.

Et moi donc?

BYRON.

J'ai souvent réfléchi!...

TRELAWNEY.

Moi, jamais!

BYRON.

Aussi tu as conservé ta gaîté.

TRELAWNEY.

Vous avez des consolations.

BYRON.

Qui peuvent m'échapper.

TRELAWNEY.

On en retrouve d'autres... Cette lettre, par exemple...

BYRON.

Cette lettre?

TRELAWNEY.

Vous annonce sûrement une nouvelle conquête!... Voyez donc!... C'est, je gage, quelque épître amoureuse!... Et l'amour vaut mieux que le mariage, par la raison que les romans sont plus amusans que l'histoire.

BYRON, *vivement.*

Crois-tu donc, Trelawney, que je veuille jouer le rôle d'un Lovelace ou d'un Valmont?..... Cette lettre?..... Je n'en veux pas!... Ecoute : j'en ai écrit encore une... à Londres... à elle!... à elle... qui porte mon nom... à elle... la mère de mon Ada!... Je la supplie au nom de notre enfant!..... Elle pardonnera, n'est-ce pas, Trelawney?... Elle pardonnera!... Et aucune lettre de femme ne sera lue par moi avant sa réponse!... Tiens, prends celle-là!... Vois ce que c'est... et si tu as soupçonné vrai... eh bien! je te la cède

TRELAWNEY, *allant prendre la lettre.*

J'accepte.

BYRON.

Ouvre et lis.

TRELAWNEY, *lisant.*

« J'arrive de Londres pour vous voir... » (*Il retourne la lettre et la montre à Byron.*) Est-ce que c'en serait une que vous auriez oubliée?

BYRON, *regardant la lettre.*

Je ne crois pas!... continue.

TRELAWNEY, *lisant.*

« J'ai vingt-six ans, on me dit belle; mon cœur n'a jamais » battu qu'à votre nom. » (*Parlé.*) Ah, ah!... mylord, le marché tient-il encore?

BYRON.

Toujours!

TRELAWNEY, *lisant.*

« Et le bonheur de ma vie dépendra de l'entrevue que je « vous demande. »

BYRON.

Voilà bien nos Anglaises!... quand elles font une folie, rien n'y manque.

TRELAWNEY, *lisant.*

« Mais jusqu'à ce que nous nous soyons bien compris; je désire

» rester inconnue : cette lettre est écrite par une main étrangère ; » personne ne sait mon nom dans l'hôtel où j'habite, vis-à-vis » du palais Oroboni que vous occupez. » (*Parlant et indiquant sa droite.*) C'est là !... (*Lisant.*) « Ce soir, à dix heures. »

BYRON.

Il n'en est pas loin.

TRELAWNEY, *lisant.*

« Pendant le bal de la comtesse Albrisy, je viendrai par la » porte qui ouvre sur la terrasse. » (*Parlant.*) Cette porte, la voici. (*Lisant.*) « Je serai couverte d'un voile : ne cherchez pas à » me connaître ; je ne me montrerai que quand je me serai » assurée que le cœur de Byron est digne de moi. »

BYRON.

Digne de moi !... je reconnais là cet orgueil anglais, qui m'a poursuivi de sa haine pour ne pas m'accorder ses louanges !....

TRELAWNEY.

Une fois !... deux fois !... le rendez-vous me reste-t-il ?

BYRON.

Oui, certes !... moi je vais me disposer à aller au bal.

TRELAWNEY.

A la bonne heure !... moi, je vais me préparer à jouer dignement votre rôle.

BYRON.

Je serais vraiment curieux de voir comment tu t'y prendras !... tâche au moins de ne pas me rendre ridicule.

TRELAWNEY.

Non, pas trop !... Ah ! un moment ! avant que vous sortiez, je dois vous parler de choses plus sérieuses.

BYRON.

Qu'est-ce donc ?

TRELAWNEY.

Des envoyés de la Grèce ont demandé à voir Votre Seigneurie ; ils espèrent en vous.

BYRON.

Et ils ont raison !... tu sais, Trelawney, ce que j'ai fait déjà dans l'espoir d'être utile à leur sainte cause ?

TRELAWNEY.

Sans doute ; un vaisseau armé à vos frais, des soldats enrôlés et payés par vous...

BYRON.

La Grèce !... l'Italie !... quels noms !... Trelawney, de ce moment je me sens vivre !... Mes jours ne se consumeront plus dans des œuvres sans fruit pour mon bonheur et le bonheur du monde !... Ah ! que le ciel me seconde, et ma vie n'aura pas été inutile.

TRELAWNEY.

J'oubliais encore une mission dont je me suis chargé.

BYRON.

Parle, mon ami!

TRELAWNEY.

Ce matin, votre valet de chambre m'a prié de contribuer à lui faire gagner une assez bonne quantité de guinées.

BYRON.

Comment cela?

TRELAWNEY.

Un certain nombre de nos chers compatriotes les lui donneront, s'il peut les placer dans un lieu commode, pour voir et entendre l'illustrissime poète Byron.

(La nuit commence.)

BYRON.

Quelle folie!

TRELAWNEY.

Non, pardieu, c'est très-réel!... et si Votre Seigneurie veut se prêter un peu à la circonstance...

BYRON.

Voilà qui est admirable! ils m'ont chassé, ou du moins contraint à m'exiler de notre patrie, et maintenant ils veulent payer pour me voir!... Tu penses bien que je n'y consentirai pas!... mais l'idée est bizarre! Allons, voici la nuit: adieu, Trelawney, bonne chance! tu me raconteras tout!... (*A lui-même en sortant.*) Quelle extravagance!... Donner de l'argent pour me voir.

(Il sort par la porte du second plan, à gauche de l'acteur.)

SCÈNE VII.

TRELAWNEY, *seul.*

Il rit!... il est plus content qu'il ne veut le paraître!... ah! il y a de l'homme dans le plus grand caractère!... mais l'heure du rendez-vous approche, et il est parti!... Diable! je me suis embarqué là dans une sotte aventure!... j'aurais dû lui demander des conseils!... je suis sûr que je vais faire quelque sottise... je ne saurai que dire, et lui qui a tant l'habitude de ces choses-là!..... un rendez-vous avec une grande dame... car il n'y a pas de doute, c'est une grande dame!... et moi dont la plus belle conquête a été une petite princesse maratte!... (*Nuit entière.*) Elle était, ma foi, gentille!... nous avions saccagé son pays, massacré toute sa famille, et je l'emmenai avec moi sur mon navire!... elle m'aimait à la folie!... mais, dans ce pays-ci, on ne peut pas s'y prendre de la même façon..... ce n'est pas l'usage !... Il me semble que j'entends du bruit de ce côté... ouf !... je crois, Dieu me pardonne, que j'ai peur !... Ecartons-nous un peu... on engage mieux un combat, quand on se tient en embuscade, et qu'on voit venir l'ennemi ! la nuit est déjà sombre !...

(Il recule vers la gauche de l'acteur.)

SCÈNE VIII.

TRELAWNEY, *à l'écart*, LADY BYRON, *voilée.*

LADY BYRON, *ouvrant la porte à droite de l'acteur, sur la terrasse.*

Personne !... tant mieux !... mon cœur bat si vite, que mon émotion m'eût peut-être trahie.

(Elle arrive en scène.)

TRELAWNEY, *dans le fond, à part.*

Allons !... elle est là !...

LADY BYRON, *sur le devant.*

Après huit années de séparation, il ne reconnaîtra plus ma voix ; c'est à peine si les traits de mon visage doivent avoir laissé quelque souvenir !... et qui me soupçonnerait à Venise ?...

TRELAWNEY, *à part.*

Si je pouvais trouver quelque chose de joli pour commencer.

LADY BYRON.

Quelqu'un s'approche !... je tremble.

TRELAWNEY.

N'ayez pas peur, ma belle dame !...

LADY BYRON.

Grand Dieu !...

(Elle fait un mouvement pour s'échapper ; Trelawney l'arrête.)

TRELAWNEY.

Oh ! ne me fuyez pas, et ne craignez rien ! De par tous les diables, je ne suis pas si effrayant, et je tiens à justifier la bonne opinion que Byron vous inspire.

LADY BYRON.

Que dites-vous, monsieur ?

TRELAWNEY.

Je dis, madame, que vous avez eu la bonté d'indiquer un rendez-vous... et me voici.

LADY BYRON.

Vous !

TRELAWNEY.

Pourquoi pas ?

LADY BYRON.

C'en est assez, monsieur !... une erreur que je ne puis expliquer...

TRELAWNEY, *à part.*

Aie, aie!... Elle écrivait qu'elle ne le connaissait pas.

LADY BYRON.

Vous êtes ici à la place d'un autre!... permettez donc que je me retire, sans même vous demander une explication qui serait embarrassante, et peut-être peu honorable.

TRELAWNEY.

Je vous demande bien pardon, madame; mais, puisque la mèche est éventée, je tâcherai de me justifier. J'avoue donc tout: oui, madame, Byron, las d'intrigues et d'amours, m'a offert de prendre sa place .. voilà tout!

LADY BYRON.

Ah!... combien vous vous êtes trompés tous deux sur le but et l'entretien que je lui ai demandé!... mais mon imprudence ne sera fatale qu'à moi.

TRELAWNEY.

Veuillez ne pas vous désoler, madame! Trelawney est un brave garçon : il ne sera pas dit qu'il aura fait pleurer une femme!... c'est que, voyez-vous, ce coquin de Byron a tant d'amours et de succès, que moi j'étais tout joyeux qu'il voulût bien m'en céder un! mais je suis loyal, et si d'abord je m'étais servi de son nom, parce que le nom est un puissant auxiliaire, croyez que je vous aurais détrompée bien vite!... je vous aurais dit: Vous pensez aimer un poète?... pas du tout, c'est un soldat!... j'ai donné autant de coups de sabre que lord Byron a écrit d'hémistiches. Cela vous fait-il le même effet?... voilà comme j'aurais parlé, madame!... eh bien! qu'en pensez vous?

LADY BYRON, *à part.*

Quel langage?... Et ce sont là maintenant ses amis!

TRELAWNEY.

Écoutez, madame!... Je ne sais pourquoi vous m'intéressez, et j'ai un tort à réparer envers vous; j'oserai donc vous donner un conseil!... Renoncez à ce damné Byron! il a déjà trois ou quatre amours ici.

LADY BYRON.

Qu'entends-je?

TRELAWNEY.

Il est un peu comme moi, ne croyant ni à Dieu, ni à diable!.. que voulez-vous? il a été si malheureux par sa famille, par son pays!... Voilà ce qui nous a faits ce que nous sommes!... et de plus que moi il a une femme terrible!...

LADY BYRON.

Comment?

TRELAWNEY.

Au reste, ce ne sont ni vos affaires, ni les miennes; mais il paraît qu'elle a été si dure, si injuste, si méchante...

LADY BYRON.

Sa femme!...

TRELAWNEY.

Sans doute, elle!... sa femme!... Ah! je la maudis de grand cœur pour avoir détruit l'espérance et la joie dans l'ame du plus noble des hommes.

LADY BYRON, *à part.*

Voilà ce que ses amis apprennent de lui, la haine, la malédiction sur celle qui a tant pleuré!... oh! mon Dieu!...

TRELAWNEY, *l'examinant.*

Qu'elle n'aille pas se trouver mal à présent!... Madame...

LADY BYRON, *à elle-même.*

Il faut partir!...

TRELAWNEY.

Elle ne m'écoute pas!... C'est que je n'entends rien, moi, aux femmes qui s'évanouissent.

LADY BYRON.

Monsieur, je n'ai plus qu'un mot à vous adresser, et je m'éloigne : dites à lord Byron que c'est lui, lui seul qui, n'écoutant que ses passions, a offensé le ciel et soulevé des haines formidables.

TRELAWNEY.

Ah bah!...

LADY BYRON.

Dites-lui bien que ses écrits ont blessé tous les principes; que la justice divine est irritée; que celle des hommes peut être implacable.

TRELAWNEY, *à part.*

Il paraît que c'est une dévote.

SCÈNE IX.

BYRON, LADY BYRON, TRELAWNEY.

BYRON, *arrivant dans le fond et s'arrêtant. — A lui-même.*

L'entretien se prolonge!...

LADY BYRON, *à Trelawney.*

Si vous êtes son ami, suppliez Byron, suppliez-le au nom du ciel, au nom d'une femme qui lui pardonne, mais qu'il ne reverra jamais...

BYRON, *à part.*

Qu'entends-je?

TRELAWNEY.

De quoi faut-il que je le supplie, madame?

LADY BYRON.

De se repentir!... adieu!...

(Elle rentre vivement dans l'auberge.)

BYRON, *à part dans le fond.*

Quelle est cette femme?... et que dit-elle?...

TRELAWNEY, *à lui-même sur le devant.*

Ah ça! me prend elle pour un prédicateur?... voilà, pardieu, un étrange rendez-vous!... elle est partie... bon voyage!... J'aurais mieux fait d'aller tout de suite au Ridotto où je suis attendu.

(Il sort par l'escalier de la terrasse.)

BYRON, *pensif et s'approchant de l'auberge.*

Les derniers mots de cette femme ont piqué ma curiosité: sa voix?... elle ne me semble pas inconnue... ah! je regrette à présent de ne pas avoir tenté l'aventure!... Mais cela peut se réparer: oui, belle voyageuse, qui prenez tant d'intérêt à mon salut, nous nous verrons! (*On entend des cris confus dans la coulisse.*) Quels sont ces cris?...

VOIX, *dans la coulisse.*

Lord Byron vient d'être assassiné...

BYRON.

Assassiné?... voilà une étrange plaisanterie!... de tous les bruits inventés sur Byron celui-là n'est pas le moins ridicule.

VOIX, *dans la coulisse.*

Lord Byron! lord Byron!...

BYRON.

Allons faire cesser ces clameurs!...

TRELAWNEY, *dans la coulisse.*

Eh! de par tous les diables, je vous dis que ce n'est pas lui!... suivez-moi tous!...

SCÈNE X.

LA COMTESSE, LE COMTE, TRELAWNEY, BYRON, GUITTA, M. DE SENNEVILLE, FOULE, *avec des flambeaux.*

BYRON, *allant au-devant d'eux.*

Que signifie tout ce vacarme?...

TRELAWNEY.

Ah! vous voilà, mylord!... (*A la foule.*) Eh bien! vous le voyez, il n'est rien arrivé au grand poète, ce n'était que moi qu'on assassinait.

BYRON.

Toi, Trelawney?...

TRELAWNEY.

Oui, mais ce sont des maladroits, mon manteau a tout reçu!...

BYRON.

Et d'où peut venir?...

TRELAWNEY.

Ah! vous ne manquez pas d'ennemis et il y a encore des jaloux à Venise! mon diable de costume, tant soit peu bizarre, représente mieux un grand homme que votre frac anglais, aux yeux de ces imbécilles, et ils m'ont adressé ce qu'on vous destinait.

BYRON.

Cher ami!...

TRELAWNEY.

Je ne suis pas même blessé!... ils étaient quatre, et sans elle...

BYRON.

Qui, elle?

TRELAWNEY.

Et pardieu, Margarita!

BYRON.

Comment?...

GUITTA, *qui s'était tenu à l'écart, vient se jeter dans ses bras.*

Byron!...

BYRON.

Que vois-je?... blessée!...

GUITTA.

Rien! rien!... j'ai cru qu'on voulait te tuer!... (*Elle tire un petit poignard de sa ceinture.*) Vois!... j'ai de quoi te défendre... ou te suivre!

BYRON.

Bonne Guitta!

TRELAWNEY.

Elle allait joliment!.. Une armée comme cela, mylord!.. et le monde est à vous!

BYRON, *pressant Guitta contre son cœur.*

Le monde?... crois-tu qu'il vaille un sourire de Guitta?... me donnerait-il seulement une minute de bonheur? vois, mon ami, ce que c'est que la gloire.

TRELAWNEY.

Une puissance qui, comme les autres, ne s'obtient pas sans péril. Mais voyez cette foule accourue au bruit de vos dangers.

BYRON.

Ah! tu as raison!... pardon, messieurs!... mesdames, mille grâces de votre intérêt!... (*A Oroboni.*) Comte, mon bras est encore à vous!..... je ne sais quoi me dit là que je ne mourrai point obscurément dans les rues de Venise. (*A demi-voix.*) Guitta, entre chez moi, soigne ta blessure, je t'offre un asile dans ma maison!

GUITTA.

Quel bonheur!

BYRON, *à demi-voix à Trelawney.*

Trelawney, je veux savoir le nom de cette femme mystérieuse qui était là.

TRELAWNEY, *bas.*

Fiez-vous à moi!

BYRON, *haut.*

Maintenant, allons au bal.

LA COMTESSE.

Au bal!...

BYRON.

Voudrais-je me brouiller avec les jeunes femmes de Venise pour avoir interrompu leurs joies?... non!... faisons recommencer les danses et les valses!... d'après votre système, madame, les plaisirs sont une compensation aux chagrins de la vie : les sages doivent la rechercher!... ne laissons donc personne avoir plus de sagesse que nous.

FIN DU PREMIER ACTE.

ACTE II.

Le théâtre représente un salon du palais Oroboni servant de cabinet de travail à lord Byron. Porte au fond ouvrant sur une galerie. Portes à droite et à gauche, avec portières. Une table à gauche du spectateur, avec ce qu'il faut pour écrire, et un candélabre allumé sur la table.

Au lever du rideau, Byron est assis devant la table; Guitta est assise sur un carreau à ses pieds; elle tresse des colliers; son bras blessé est entouré d'un bracelet noir.

SCÈNE PREMIÈRE.

BYRON, GUITTA.

GUITTA, *chantant.*

Et mes amours ne me quitteront plus !

BYRON, *moitié riant, moitié impatienté.*

Finiras-tu, Guitta! tu m'empêches d'écrire avec ton maudit refrain.

GUITTA.

Eh! là, là!... ne grondez pas!...

(Elle lui tend sa main blessée.)

BYRON, *baisant sa main.*

Cette blessure... c'est pour moi!...

GUITTA.

N'y pensons plus!... ou, pour mieux dire, je veux y penser toujours!... je lui dois tant!..... être ici, chez vous!..... vous voir à toute heure!... car, comme je le disais : (*elle chante*)

Non, mes amours ne me quitteront plus!

J'ai arrangé cela sur mon air favori.

BYRON.

Bon!... toi aussi, tu fais des vers?

GUITTA.

Non!..... je chante parce que je suis contente; je dis que nous ne nous quitterons plus, parce que c'est ma seule pensée; mais faire des vers!... je ne sais pas même ce que c'est... je n'ai appris ni à lire, ni à écrire.

BYRON.

Tant mieux pour toi.

GUITTA.

Sans doute! quand on ne sait qu'une chose, on la sait mieux, et t'aimer est toute ma science!.... mais, chut! je vous distrais de vos graves occupations : allons, mylord, je ne vous interromprai plus!... Votre Excellence peut écrire à ses amis.

BYRON.

Qui te dit que j'écris à mes amis?

GUITTA.

Et à qui donc? ce n'est sûrement pas pour des gens que vous n'avez jamais vus, que vous prenez la peine de barbouiller tant de papier?

BYRON, *souriant.*

Et que penserais-tu, Guitta, si je te répondais : oui!

GUITTA.

Je penserais, Excellence, que, pour vous amuser à medire de telles choses, il faut que vous me croyiez bien folle.

BYRON.

Si pourtant c'était vrai?

GUITTA.

Alors je dirais que c'est vous qui êtes bien fou.

BYRON.

Tu aurais peut-être raison!... Ainsi, tu ne sais pas ce que c'est qu'un livre?

GUITTA.

Oh! que si fait!... j'ai encore la Bible de ma pauvre mère : c'était une savante, elle, qui lisait couramment! et quand j'étais petite, je l'écoutais faire la lecture le soir.

BYRON.

Il y a d'autres livres que la Bible.

GUITTA.

A quoi servent-ils?

BYRON, *riant.*

Ils servent..... ma foi, pas à grand'chose peut-être.

GUITTA.

Ah!... je devine!... ils sont faits pour nous rendre meilleurs ou plus heureux, n'est ce pas?... (*D'un air de triomphe.*) Et je comprends maintenant!... vous faites des livres!

BYRON.

Comme tu dis, je fais des livres.

GUITTA.

Et, quand on les lira, on deviendra bon comme toi?

BYRON.

Pauvre Guitta! que tu es naïve!

GUITTA.

Tout le monde te bénira?

BYRON, *soupirant.*

Tu crois cela!...

GUITTA.

Ma mère nous faisait mettre à genoux pour baiser le livre de l'Évangile ; elle disait : C'est le salut du monde!

BYRON, *se levant.*

Elle faisait bien, Guitta! (*Il marche en parlant à lui-même.*) La jeune fille a raison! qu'est-ce qu'écrire pour écrire? rien!... Écrire pour blâmer, pour fronder, pour détruire? Voltaire a tout fait en ce genre! Reste-t-il encore quelque chose debout? vertu, croyances, religion, vous n'êtes plus que des mots!

GUITTA, *qui s'est levée.*

Qu'est-ce qu'il dit là, sainte Vierge?

BYRON, *de même.*

N'a-t-on pas répété mille fois autour de nous ce cri jadis entendu pendant l'orage par les matelots de Tibère : *les dieux s'en vont!*... Ecrire!... pour donner aux hommes les rêveries, les émotions qui surgissent dans cet intervalle orageux où nous vivons?... jeter au public ma douleur, mes incertitudes, le trouble de mon ame?... est-ce la peine?... qui trouvera une route nouvelle pour l'avenir de cette société qui s'écroule?... Ah! ceux-là ont été seuls vraiment grands qui ont laissé derrière eux un lumineux chemin où les générations se sont précipitées!... (*Avec dédain.*) Mais écrire aujourd'hui?..... Napoléon, tu agissais, toi!..... tu remuais le monde!

GUITTA.

Chut!... oh! ne prononce pas ce nom! sais-tu qu'il fait encore peur ici?... et toi-même tu m'effraies depuis un moment!... je n'ai pas bien compris, j'espère!... car j'ai cru que tu doutais de notre sainte religion!..... Que la madone daigne te pardonner!..... je lui ferai une neuvaine pour qu'elle te protège, et nos amours aussi!

BYRON. (*Il la regarde un instant, puis passe la main sur son front, et vient en souriant se rasseoir près d'elle.*)

Oui, Guitta, parlons de nos amours... et que la madone les protège!

GUITTA.

Allons, je veux voir ce que vous écrivez!... Mylord, Votre Grâce daignera-t-elle me faire la lecture?

BYRON.

Tu veux entendre des vers?

GUITTA.

Sans doute!... et tenez, ce petit rouleau...

BYRON, *le prenant et l'ouvrant.*

Ah! ceci n'est pas de moi... tu m'y fais songer : ce sont des vers que m'a recommandés la comtesse Oroboni, il y a plus de quinze jours. Voyons. (*Il lit.*) Georges de Senneville...

GUITTA.

C'est ce petit monsieur si drôle qui a toujours l'air de jouer la comédie?

BYRON.

Oui! (*Il lit.*) «*Georges de Senneville à Georges Byron!..* » L'impudent! l'imbécille!... l'homme qui fait ainsi injure au bon goût et aux convenances ne peut rien écrire qui vaille la peine d'être lu!

(Il jette les vers dans un panier où sont les mauvais papiers.)

GUITTA, *l'examinant.*

Il ne sait peut-être pas qu'il faut vous dire : Excellence! comme moi qui, pendant un mois, vous appelais toujours Nolly!... Mais je t'ai entendu dire, je m'en souviens, que les hommes qui mettent de l'importance à des titres sont bien ridicules... est-ce que tu as changé d'avis?

BYRON.

Non, Guitta, non!..... tu ne comprends pas le sentiment qui m'anime.

GUITTA.

Oh! que si fait, je comprends bien!... on parle ainsi quand il s'agit des autres en général, et c'est différent quand il s'agit de soi en particulier... n'est-ce pas?

BYRON.

Laissons cela!..... tu veux entendre des vers; écoute ceci ;

Ses yeux s'étaient fermés! Il parut s'assoupir ;
Un long gémissement fut son dernier soupir ;
Ainsi mourut Lara!... Kaled, son jeune page,
Cherchait la vie encor sur ce noble visage.
Puis, quand on l'enleva muet, pâle et glacé,
Au cadavre sanglant qu'il tenait enlacé,
Sa main n'arracha point la chevelure noire
Dont les anneaux flottans paraient son front d'ivoire ;
Mais l'œil sec, il chancelle, et tombe inanimé,
En murmurant ces mots : « Il avait tant aimé! »
Alors fut révélé le douloureux mystère :
Vers le page fidèle étendu sur la terre
On se penche, on se presse, on découvre son sein,
On veut rendre la vie à l'esclave orphelin,
Dont l'ame dans les cieux va rejoindre une autre ame ;
Vains efforts!... il expire... Et c'était une femme!

GUITTA.

Une femme sous l'habit d'un page! pour ne pas quitter celui qu'elle aime?... ah! c'est bien, je comprends cela!... et quand elle l'a perdu, elle meurt de sa douleur!... comme je ferais, moi, si tu n'étais plus.

BYRON.

Bonne Guitta!... et cependant on a dit qu'on ne pouvait m'aimer; que j'étais un homme dur, froid, dont l'ame était fermée à tous les bons sentimens.

GUITTA.

Qui a osé dire cela!

BYRON.

Quelqu'un en qui j'avais placé tout mon bonheur, et qui a tout détruit!..... ce qu'il y a en moi d'amer, de cruel, vient de cette blessure que rien ne peut guérir.

GUITTA.

Sais-tu que ce souvenir seul excite ma jalousie? tu l'aimais donc bien?

BYRON.

Mais... je l'ai perdue!

GUITTA.

Ah!..... ton cœur me reste à moi, à moi seule?...

BYRON.

A toi... qui sais aimer.

GUITTA.

Ne sois plus triste!... ta douleur me fait mal!... je donnerais ma vie pour t'épargner une minute de souffrance.

BYRON.

Chère et tendre amie!

SCÈNE II.

BYRON, TRELAWNEY, GUITTA.

TRELAWNEY, *des papiers à la main, et les jetant sur la table.*

Morbleu!... ne voilà-t-il pas cet homme avec qui je me suis battu, et que j'ai tué à cause de vous, qui m'intente un procès!...

BYRON, *souriant.*

Comment, le mort?...

TRELAWNEY.

Non pas lui!... le pauvre diable, il est bien tranquille! mais ses camarades, sa famille, je ne sais qui!... Ah! qu'ils y prennent garde!..... il y a là des choses qui m'ont donné une terrible colère, et j'ai une furieuse envie de la passer sur quelqu'un!

GUITTA.

Avez-vous su pourquoi ces assassins en voulaient à sa vie, il y a huit jours?

TRELAWNEY.

Oui, pardieu, je l'ai su : ils avaient été bien payés, ma foi!

BYRON.

Et par qui?

TRELAWNEY, *bas.*

Par le mari de la belle Marianne. Vous savez?...

BYRON, *bas.*

Silence!

GUITTA.

Comment dites-vous?

BYRON.

Il suffit, Guitta!..... vois, j'ai déjà assez de chagrins!..... laisse-moi seul un instant avec Trelawney, je t'en prie.

GUITTA.

Allons, je me retire... mais je reviendrai bientôt.

BYRON.

Oui, bientôt.

(Il lui serre la main, elle sort et emporte ses colliers.)

SCÈNE III.

BYRON, TRELAWNEY.

BYRON.

Quels sont ces papiers, mon ami?

TRELAWNEY.

Regardez!..... cela vous concerne.

BYRON, *prenant les papiers sur la table.*

Ah!... des journaux qui me calomnient!... Voilà donc tout le prix de mes travaux!

TRELAWNEY.

Que ne puis-je vous en débarrasser!..... Quel diable de pays que celui où l'on ne peut pas seulement jeter son ennemi à l'eau, ou brûler sa propre maison!... Je ne puis respirer ici!... parlez-moi du métier de corsaire.

BYRON.

Oui, ce que la société flétrit du nom de crimes vaut mieux que ses vices cachés, ou même que ses vertus hypocrites auxquelles personne ne croit.

TRELAWNEY.

Parlez-moi de la liberté du désert, où mon cheval, sans frein, parcourait l'étendue, emporté, fougueux, sans but, sans obstacle!..... c'est vivre cela!...

BYRON.

Et la vie, telle qu'on nous l'a faite en Europe, est si misérable!... C'est bien la peine, en vérité!..... quand on en retranche l'enfance, espèce de végétation, le sommeil, les repas, le tems passé à s'habiller et se déshabiller, que reste-t-il de véritable existence?... l'été d'une marmotte!... et encore qu'en fait-on?..... Qui diable a pu arranger un monde tel que le nôtre, inventer des rois, des académiciens, des dandys et des vieilles femmes?

TRELAWNEY, *souriant.*

Et des jeunes qui nous échappent.

BYRON.

Ah! tu veux parler de l'Anglaise voilée... il y a huit jours!... n'y pensons plus!... Mais que vois-je? une lettre!... Trelawney... l'adresse..... c'est son écriture!

TRELAWNEY.

L'écriture de lady Byron!.....

BYRON.

Tu avais jeté ce paquet avec les autres; tu n'avais donc pas deviné, Trelawney?..... Ah! je n'ose ouvrir!..... ma main tremble!...

TRELAWNEY.

En vérité, d'après l'opinion que vous avez donnée de vous, qui pourrait croire lord Byron ému à ce point en recevant une lettre... de sa femme?

BYRON.

Mon bonheur... mon avenir... il est là peut-être!... voyons!... (*Il ouvre l'enveloppe et trouve une lettre cachetée.*) Ciel!...

TRELAWNEY.

Qu'y a-t-il?

BYRON.

Trelawney... c'est ma lettre!.. ma lettre si tendre qui la suppliait de pardonner, au nom de nos amours, au nom de notre enfant!... elle n'a pas été lue!... elle n'a pas été ouverte!... tout est fini!... Mais quel mépris!..... quel horrible dédain!...

TRELAWNEY.

Faites donc des calculs, des projets de bonheur sur les dispositions d'une femme!..... c'est s'embarquer sans boussole pour affronter les vents et la tempête.

BYRON.

Non!... elle m'entendra!... elle me lira malgré elle!... elle n'a pas voulu des regrets de mon cœur, des confidences de ma pensée, adressées à elle, à elle seule!... Eh bien! elle saura, et tous le sauront aussi, de quelle amertume poignante elle a rempli mon ame!... on verra quelle blessure elle lui a faite, et l'on trouvera dans cette affection, brisée sur mon cœur, la cause et l'excuse de mes erreurs !...

(Il se place à la table et écrit.)

TRELAWNEY.

Que faites-vous ?

BYRON.

Laisse, laisse-moi exhaler dans ces vers les sentimens qui m'accablent!... et que le journal qui va les recueillir et les imprimer porte sous les yeux de lady Byron, et malgré elle, ces expressions de ma douleur et de ma colère !

(Il écrit.)

De tous les châtimens que Dieu m'avait choisis
C'est donc toi qu'il arma, moderne Némésis?...
Mais Dieu n'a pas coutume, en punissant le crime,
De prendre le bourreau si près de la victime.

TRELAWNEY.

Diable !... voilà un début qui promet !

BYRON, *écrivant.*

Quiconque sur la terre a connu la pitié,
En pitié dans le ciel un jour sera payé :
Il n'en est point pour toi, qui ne veux pas m'entendre !
La malédiction sortira de ma cendre !
Des maux que tu m'as faits crains de t'enorgueillir :
Tu semas des douleurs !... tu dois en recueillir !...

TRELAWNEY.

Galanterie conjugale d'un nouveau genre.

BYRON, *écrivant.*

Poursuis, de ton époux Clytemnestre morale,
Cours irriter l'envie, éveille le scandale ;
Puisque c'est toi que Dieu chargea de me punir,
Immole mon présent avec mon avenir,
Fais parler ce regard, dont le lâche artifice
Ment sans prendre jamais la langue pour complice !
Détours adroits, silence, hypocrites discours,
Tu n'as rien oublié pour torturer mes jours !...
Te voilà maintenant, toi qui formas l'orage,
Debout sur les débris de mon triste naufrage,
Et ton cœur froid triomphe insensible à mes cris,
Quand un cœur tendre étouffe et meurt sous ces débris !

TRELAWNEY.

Si elle n'est pas sensible à cette épître-là, quand elle l'aura lue dans le journal, elle y mettra de la mauvaise volonté!

BYRON, *se levant.*

C'en est fait! tous les liens sont brisés; je n'ai plus de patrie, plus de famille!... ma vie, j'en peux disposer; ma fortune, je peux l'employer librement! qu'elles servent l'une et l'autre à affranchir un peuple esclave!...

TRELAWNEY.

Bravo!... des dangers, des combats!..... nous allons nous amuser!... Et je vous dirai, à ce sujet, que la conspiration du comte Oroboni marche grand train; tout se prépare pour frapper un coup décisif.

BYRON.

Nous serons à lui, Trelawney, corps et ame!

TRELAWNEY.

Il n'y a pas de doute à cela; mais réussirons-nous? Les baïonnettes autrichiennes sont nombreuses. les espions ne manquent pas, et M. de Metternich est malin!...

BYRON.

Eh bien! si là encore nous attend une déception, si le bon droit succombe, la Grèce nous appelle, Trelawney!... je n'ai point été sourd à sa voix: déjà le vaisseau *l'Hercule* est dans le port; il renferme des armes et une partie de ma fortune... va, recrute encore des soldats, dispose tout!... Les ames comme les nôtres sont méconnues et repoussées dans cette société des petits intérêts, et des petits vices bassement déguisés; nous irons chercher une société à reconstruire sur les bases de l'honneur, du courage et de la vertu!... et, si j'échoue... peut-être quand, froid et glacé, mon cœur reposera sous le marbre des tombeaux, elle se repentira et prendra pitié pour mes douleurs!

TRELAWNEY.

Écartez ces idées!... chaque fois qu'elles touchent à votre ame, il en sort des pensées amères et désespérantes!... Songez à la gloire, aux joyeuses amours, à la folie!... Tenez, je ne vous ai pas conté cela, j'en avais fait une, moi, pour ressaisir l'Anglaise mystérieuse qui nous échappait; je ne sais quel mauvais génie est venu à son secours et l'a tirée de mes mains!

BYRON.

Je n'y veux plus penser!... et d'ailleurs un seul mouvement de curiosité me dirigeait.

(Il s'assied et appuie sa tête dans sa main, comme abîmé dans la douleur.)

TRELAWNEY.

J'avais aperçu son visage: elle est, ma foi, jolie.

SCÈNE IV.

BYRON, TRELAWNEY, GUITTA.

GUITTA, *entrant.*

Jolie?... qui donc?...

TRELAWNEY.

Que vous importe?... cela me regarde.

GUITTA, *inquiète.*

Bien sûr?

TRELAWNEY.

Voilà un doute dont j'ai envie de m'offenser.

GUITTA.

Oh! ne m'en veuillez pas!... je vous souhaite tous les succès dont je ne veux pas pour lui.

TRELAWNEY.

Votre souhait ne me semble guère s'accomplir. J'avais des raisons... enfin on peut avoir des raisons de retrouver une femme..... une jolie femme surtout!..... Je l'épie; j'apprends qu'elle va partir secrètement: je parviens à gagner le postillon; par mes ordres, il doit interrompre son voyage en la versant dans un fossé...

GUITTA.

Que dites-vous?

TRELAWNEY.

Oh!... adroitement, sans lui faire aucun mal!... seulement un accident à la voiture, de façon à ce qu'elle ne puisse continuer sa route.

GUITTA.

La route de Mantoue?

TRELAWNEY.

Oui; mais comment le savez-vous?

GUITTA.

Achevez.

TRELAWNEY.

Je devais me trouver là, offrir ma voiture... Ah bien oui! on verse, en effet, on appelle du secours, j'arrive..... les chevaux, la berline, les gens, le postillon, tout y est, excepté la dame!... partie, envolée! impossible de la découvrir!... Je ne sais quel démon!...

GUITTA, *riant.*

Ah! vous ne savez pas quel démon?... Eh bien! j'ai l'honneur de vous apprendre que c'est un démon familier qui est fort de votre connaissance.

TRELAWNEY.

Comment?

GUITTA.

Mais c'est vous seul que cela intéresse, au moins?

BYRON, *se levant.*

Pour te le prouver, Guitta, je ne veux pas même connaître ce qui concerne cette femme!... Je vous laisse... et vais respirer un instant au dehors.

(Il sort en emportant le papier qu'il a écrit.)

GUITTA.

Comme il est triste!...

SCÈNE V.

TRELAWNEY, GUITTA.

TRELAWNEY.

Vous disiez donc, Guitta?

GUITTA.

Je disais que le lutin qui vous a joué le mauvais tour de faire disparaître la dame n'est autre que Guitta.

TRELAWNEY.

Comment est-ce possible?

GUITTA.

Oh! mon Dieu! c'est avec les meilleures intentions du monde. J'étais assise sur l'autre bord du fossé où le postillon gagnait loyalement votre argent; car la voiture était entièrement brisée, et la dame n'avait pas une égratignure. Mais la route était superbe, quarante pieds de large, et pas le moindre embarras!... La belle Anglaise s'est douté que son conducteur avait de bonnes raisons pour faire une semblable maladresse, et sa première pensée a été de lui échapper!... Je courais à elle... elle vint à moi... et pendant qu'on s'occupait à relever la voiture, nous nous cachâmes si bien derrière les arbres voisins, qu'on ne nous découvrit pas. Je la conduisis en lieu sûr; puis, le lendemain, je la ramenai à Venise. Elle voulait se remettre en route tout de suite; mais une indisposition l'a contrainte de différer son voyage. Depuis huit jours, elle vit inconnue et cachée aux regards de celui qu'elle accuse de lui avoir joué ce mauvais tour, et je vois maintenant que c'est vous. Eh bien! que dites-vous de cela?

TRELAWNEY.

Je suis vaincu!... Mais la dame vous a conté les motifs de son séjour à Venise? pour qui elle y est venue? pourquoi elle en était partie?... vous savez son rang, son nom?

GUITTA.

Moi? Pas le moins du monde.

TRELAWNEY, *à part.*

Je comptais sur elle pour tout apprendre.

GUITTA.

A ma première question, j'ai vu une douleur si vive se peindre sur sa figure, que je n'ai pas osé continuer.

TRELAWNEY, *à part.*

Il est dit que je ne saurai rien.

GUITTA.

Mais aux discours qu'elle tenait, quand elle se croyait seule, à l'intérêt que vous témoignez aujourd'hui, je crois que j'ai deviné.

TRELAWNEY.

Quoi donc ?

GUITTA.

Ce que vous devez savoir mieux que personne.

TEELAWNEY.

Moi !...

GUITTA.

Et si vous me dites tout, et que je voie que j'ai deviné juste, eh bien!...

TRELAWNEY.

Eh bien ?

GUITTA.

Je vous la ferai retrouver.

TRELAWNEY, *à part.*

Si c'est à cette condition, je ne risque pas de la voir de sitôt.

GUITTA.

D'abord, vous êtes un infidèle, un inconstant.

TRELAWNEY.

Par exemple !

GUITTA.

J'en suis sûre.

TRELAWNEY.

Oui-dà ?... Au fait, c'est possible.

GUITTA.

Vous avez abandonné votre pays, votre famille, après leur avoir donné de grands sujets de mécontentement.

TRELAWNEY.

Je vous jure qu'ils me l'ont bien rendu.

GUITTA.

Vous avez dissipé votre fortune.

TRELAWNEY.

Je n'ai pas eu de peine.

GUITTA.

Mais voici le plus horrible !... Vous avez laissé là... votre femme.

TRELAWNEY.

Oh! oh! celui-là est curieux!

GUITTA.

Ne niez pas!... avouez au contraire... Je peux tout réparer.

TRELAWNEY.

Vous pouvez me rendre ma femme?... Et des enfans aussi, peut-être?

GUITTA.

Oui, monsieur!... votre fille... une fille de sept ans.

TRELAWNEY, *se frappant le front et à part.*

Ah! mon Dieu!... Quelle idée!... (*Haut.*) Une fille!... Une fille de sept ans, Guitta?... Une Anglaise, jeune, belle, charmante, qui se plaint de celui qu'elle aimait, dont elle porte le nom; qui fuit un infidèle, pleure un ingrat?...

GUITTA.

C'est bièn cela!

TRELAWNEY.

Ah! Guitta! rendez-la au mari..... qui la regrette... qui ne peut vivre sans elle..... C'est son bonheur que j'implore!...

GUITTA.

Comme vous voilà doux et suppliant!...

TRELAWNEY.

Mais êtes-vous bien sûre que ce soit elle?

GUITTA.

D'abord, elle a l'air si triste et si malheureux, que c'est bien certainement une femme mariée.

TRELAWNEY.

Vous croyez?

GUITTA.

Au milieu de ses larmes, elle parle de consolations dans un être qui lui est plus cher que sa vie : vous voyez bien qu'elle est mère.

TRELAWNEY.

Après?

GUITTA.

Elle pleure un ingrat qui se perd pour ce monde et pour l'autre!... Ce doit être vous.

TRELAWNEY.

Merci.

GUITTA.

Elle dit qu'elle était venue à Venise, pour essayer de toucher son cœur, pour s'assurer de la sincérité de son repentir; mais qu'elle l'a trouvé si occupé de projets et de plaisirs coupables, qu'elle a renoncé à le revoir jamais, et veut retourner à Londres, pour placer entre elle et lui une barrière insurmontable.

TRELAWNEY

C'est elle!... c'est elle!... Mais il n'en sera pas ainsi!... Guitta, allez la trouver! Peignez-lui les regrets, le repentir, les remords de l'époux qui peut-être l'a offensée; qu'elle le voie!... qu'elle consente à le voir!...

GUITTA.

Elle n'y consentira pas.

TRELAWNEY.

Dites-lui qu'il s'agit de son bonheur, de sa vie, de son salut!... de tout ce que vous imaginerez!

GUITTA.

Toutes ces belles paroles ne feraient pas grand'chose; elle refuserait!... Pourtant vous m'avez touchée!... Et elle est si triste, si bonne, que je voudrais la voir heureuse! Tant qu'on aime, on pardonne!... Mais c'est de près!... Un mot, une larme de l'ingrat qu'on maudissait, obtient grâce en une minute!..... Il faut donc une entrevue, sans qu'elle s'en doute à l'avance : elle n'est pas loin d'ici....... il faut que je l'amène, sans qu'elle soupçonne qui elle doit rencontrer. J'imagine un moyen... Fiez-vous à moi.

TRELAWNEY.

A merveille!..... Ces femmes ont des ressources dans toutes les occasions difficiles!... Je m'en rapporte à votre adresse, Guitta, ainsi qu'à votre bon cœur; et ma reconnaissance...

GUITTA.

Gardez ce mot-là pour les salons : je vous oblige, eh bien! en pareil cas, vous me le rendrez; voilà tout!..... Adieu, je vais chercher les moyens de la décider le plus tôt possible : ne vous impatientez pas.

SCÈNE VI.

TRELAWNEY, *seul*.

C'est lady Byron!.,. Tout l'annonce!... Elle à Venise!... mystérieusement!... Qui l'eût jamais pensé?... Elle l'aime donc encore?... Mais pourquoi ne pas répondre à ses lettres?... Ah! pourquoi?... Expliquera qui pourra le cœur d'une femme!... Elle est ici, voilà l'important : il faut qu'elle pardonne. Qu'il la retrouve, puisqu'il a imaginé que son bonheur est là!.... Ah! mon Dieu! j'y songe!... Il y a huit jours, sur la terrasse... c'était elle!... Et il m'envoyait faire la cour à sa femme!... Si j'avais réussi pourtant!... Allons, allons, il n'est pas arrivé de malheur; tout est pour le mieux!... Qu'il la revoie, et se raccommode, puisqu'il veut encore tâter du mariage!..... Il est donc bien dégoûté de l'amour!... A propos d'amour, et Guitta!.. La pauvre fille!... Je n'y ai pas pensé!... Me servir d'elle pour amener une réconciliation qui certes ne l'amusera guère!..... Oh! c'est un tour pendable!... Ma foi, je n'ai pas le choix des moyens!..... Et si elle allait prendre cela au sérieux!... Maudit pays! où l'on ne peut faire le bien de l'un sans faire le mal de l'autre, où tous les intérêts se choquent et se froissent!... Au diable la vieille Europe!... Qui me rendra l'Asie?..... cette existence d'Orient, si douce et si paresseuse!.... les plaisirs du harem après les joies du combat; l'amour sans jalousie et sans inquiétude; la guerre sans traités et sans protocoles!... Corsaire dans les mers de l'Inde!....... le bonheur n'est que là!..... Ici, rien!..... A peine le plaisir de fumer sa pipe!..... Mais je suis seul! donnons-nous ce petit délassement, en attendant le retour de Byron : cela endormira mes soucis.

(Il prend sa pipe.)

SCÈNE VII.

TRELAWNEY, M. DE SENNEVILLE.

TRELAWNEY.

Quelqu'un!... Ah!...

(Il continue à tout disposer pour fumer.)

SENNEVILLE.

Lord Byron n'est pas ici?... Je précède madame la comtesse Oroboni qui espérait le rencontrer.

TRELAWNEY.

Il est sorti, monsieur; et Dieu sait où l'on pourrait le trouver maintenant : il court peut-être à cheval sur le Lido, où il traverse la Brenta à la nage.

SENNEVILLE.

Je venais voir s'il a bien voulu donner des ordres, et si l'on peut, ainsi qu'il l'a permis, disposer de ce salon qui communique d'une partie du palais Oroboni à l'autre, pour la fête qu'on y prépare. Il n'y a pas de tems à perdre.

TRELAWNEY.

Oui, oui, disposez!..... Des fêtes, des comédies, des bals, tous les jours!... Quelle existence!... Des cohues étouffantes où l'on ne peut ni respirer, ni marcher, et qui sembleraient un travail insupportable, si l'on était obligé de faire ce métier-là pour vivre!... Parlez-moi des spectacles de la nature!..... Là, on reconnaît partout la puissance d'un être sublime et bon!... Mais votre monde, tel que vous l'avez arrangé, il a l'air d'être l'ouvrage d'un diable devenu fou! (*Il a pris du papier dans un panier, et l'allume à un candélabre.*) Et je répète encore : vivent l'Orient et ma pipe!

SENNEVILLE, *reconnaissant le papier.*

Que faites-vous, monsieur?

TRELAWNEY.

Eh bien ! je l'allume.

SENNEVILLE.

Mais avec quoi ?

TRELAWNEY.

Avec un mauvais papier.

SENNEVILLE.

Pardon !..... mais ce papier... Permettez que je regarde,

TRELAWNEY, *éteignant le papier, et le lui remettant.*

Voyez !...

SENNEVILLE.

Dieu !... mes vers à Byron !

TRELAWNEY.

Vos vers ?..... S'ils sont mauvais, il vaut mieux qu'ils servent à allumer ma pipe qu'à ennuyer le public.

SENNEVILLE.

Monsieur, vous me rendrez raison...

TRELAWNEY.

Ce serait avec plaisir ; car je crois en vérité que vous l'avez perdue.

SENNEVILLE.

Nous nous battrons, monsieur.

TRELAWNEY.

Tant que vous voudrez ! C'est mon métier, à moi : je n'ai pas fait autre chose depuis que je suis au monde. Touchez là !... Vous êtes brave, cela me réconcilie avec vous !... Dam ! vous êtes un peu ridicule, un peu affecté !... Vous marchez comme si vous posiez devant un peintre ; vous parlez comme si l'on sténographiait toutes vos paroles ; mais, depuis quelques années, on a fait tant de grands hommes avec si peu de chose, que chacun se croit en droit de le devenir, et se place d'avance sur son piédestal !..... Si j'ai le malheur de vous mettre demain au rang des dieux, ce sera votre faute !...

SENNEVILLE.

Trève de plaisanteries, monsieur ! voici la comtesse.

TRELAWNEY.

A la bonne heure ! Nous nous reverrons demain ; mais d'ici là j'espère que vous réfléchirez.

SCÈNE VIII.

LA COMTESSE, TRELAWNEY, SENNEVILLE.

TRELAWNEY, *éteignant sa pipe.*

Approchez, madame ! Monsieur votre compatriote et moi, nous ne nous entendons pas ; je le laisse vous faire les honneurs de ce salon, et je vais tâcher de retrouver mon illustre ami.

LA COMTESSE.

Il est donc sorti..

TRELAWNEY.

Oui, et il est aujourd'hui dans un accès d'humeur et de désespoir dont il a grand besoin d'être distrait.

LA COMTESSE.

Mais il faut si peu de chose pour changer les dispositions de son ame!... Lord Byron, assemblage bizarre des sentimens et des passions les plus opposés, passe en un instant de la plus noire mélancolie à la gaîté la plus folle.

TRELAWNEY.

Les flots de l'Adriatique ne sont pas plus mobiles que lui, j'en conviens.

LA COMTESSE.

Tâchez de le rejoindre!... Nous essaierons de l'égayer.

TRELAWNEY.

Puissiez-vous réussir!...

SCÈNE IX.

La COMTESSE, SENNEVILLE.

LA COMTESSE.

A-t-on exécuté mes ordres pour la fête et pour l'arrangement du palais?

SENNEVILLE.

Oui, madame; et tenez, déjà l'on éclaire cette galerie dont lord Byron vous laisse la disposition pour ce soir.

LA COMTESSE.

Je le forcerai bien à s'amuser avec nous, et à convenir que la plus perdue de toutes les journées est celle où l'on n'a pas ri. Mais la galerie se remplit de personnes inconnues!... Qu'est-ce donc?...

SENNEVILLE.

Le valet de chambre de lord Byron est avec elles.

SCÈNE X.

WILLIAMS, ANGLAIS, la COMTESSE, SENNEVILLE

WILLIAMS, *avançant.*

Par ici!.. mais pas de bruit!... on donne une fête, vous pourrez vous placer sans être remarqués!... Ah! quelqu'un!... c'est Mme la comtesse.

LA COMTESSE.

Que voulez-vous, Williams? pourquoi ce monde?

WILLIAMS, *avec embarras.*

Ces personnes désiraient voir l'appartement de mylord, et je me permettais...

LA COMTESSE.

Ah! j'y suis!... (*A Senneville.*) Byron m'a conté cela l'autre jour, et il en riait beaucoup!... ce sera peut-être un moyen de lui rendre sa gaîté.

WILLIAMS.

J'espérais au milieu des apprêts de la fête... mais si madame la comtesse ne permet pas...

LA COMTESSE.

Si fait, si fait! je permets!... faites entrer.

WILLIAMS.

Combien je vous remercie, madame!...

(Il va au fond et fait entrer les étrangers; il les conduit vers un côté du théâtre, pendant que Byron entre de l'autre.)

SCÈNE XI.

WILLIAMS, UN ANGLAIS, BYRON, LA COMTESSE, SENNEVILLE, *puis* TRELAWNEY, PLUSIEURS ANGLAIS.

BYRON, *à part dans le fond.*

Que signifie tout ce monde?...

(Il s'arrête.)

WILLIAMS, *aux étrangers.*

C'est ici, messieurs, que l'illustre poète a composé la plupart de ses immortels ouvrages: *le Corsaire*, *Don Juan*, etc., etc.

BYRON, *à part.*

Ah! je comprends!... c'est mon coquin de valet de chambre qui gagne son argent.

WILLIAMS.

C'est à cette table qu'il s'est assis! et de là sont partis ses sublimes inspirations.

BYRON, *à part et dans le fond.*

Où prend-il tout cela?

WILLIAMS.

Car, vous le savez, messieurs, et ce n'est point parce que j'ai l'honneur de posséder sa confiance, mais c'est le plus grand génie qui ait jamais existé.

TRELAWNEY, *entrant par le fond, à part, en voyant Byron.*

Je le trouve enfin!

(Il s'avance vers Byron, qui lui fait signe de ne pas bouger.)

BYRON, *à part.*

Ah!... ils paient pour me voir!... amusons-nous.

UN ANGLAIS DE LA FOULE, *à Williams.*

Vous nous aviez promis de nous le montrer lui-même.

WILLIAMS.

Tout-à-l'heure, messieurs, j'espère...

BYRON, *s'avançant, et bas.*

Silence, coquin!..... (*Il va prendre Trelawney par la main.*) Vous désirez voir lord Byron, messieurs, le voici!...

TRELAWNEY, *reculant.*

Comment?

BYRON, *bas.*

Laisse-toi faire, je t'en prie!...

LA COMTESSE, *à Senneville.*

Que dit-il?

TRELAWNEY, *bas à Byron.*

Passer encore une fois pour vous!... merci!... ça ne me réussit pas.

BYRON, *bas.*

Tu auras peut-être plus de succès aujourd'hui.

L'ANGLAIS, *aux autres.*

Je le reconnais aux portraits que j'ai vus!...

TRELAWNEY.

Il paraît qu'ils étaient ressemblans.

L'ANGLAIS, *il s'approche de Trelawney.*

Pardon, mylord, si le désir d'admirer notre illustre compatriote...

TRELAWNEY.

Ah ça, messieurs...

BYRON, *vivement.*

Oh! vous nieriez en vain!... (*Bas.*) Prête-toi donc à la mystification.

LA COMTESSE, *à Senneville.*

Que vous avais-je dit?... une plaisanterie! et la mélancolie a disparu!

BYRON, *à Trelawney.*

Croyez-vous qu'un poète puisse avoir le visage de tout le monde?

L'ANGLAIS.

Oh! non, certainement!.... et il suffit d'un coup-d'œil!...

TRELAWNEY.

Pour découvrir en moi un poète, n'est-ce pas? La célébrité est une belle chose!... c'est être connu de gens qui ne vous connaissent pas; et la poésie, c'est parler à des gens qui ne vous comprennent pas!... tout cela est merveilleux!

L'ANGLAIS, *prenant Byron à part.*

Vous êtes l'ami de lord Byron?

BYRON.

Je suis convaincu qu'il n'en a pas de meilleur.

L'ANGLAIS.

Tout ce que l'on dit de lui est-il vrai?

LA COMTESSE, *à Senneville.*

J'ai peur qu'il n'attrape quelque mauvais compliment.

SENNEVILLE, *de même.*

Ce sera sa faute!... Écoutons.

BYRON.

Et que dit-on, monsieur?

L'ANGLAIS, *à demi-voix.*

Je vous l'avouerai, il court des bruits fâcheux sur sa conduite, ses idées, ses principes.

BYRON.

Expliquez-vous!

TRELAWNEY, *à part.*

Je donnerais ma pipe pour qu'il reçût une bordée de bonnes vérités!

L'ANGLAIS, *à demi-voix.*

Pardonnez si je vous parle librement; mais nous désirerions beaucoup être détrompés!... On assure qu'il est l'ennemi déclaré de toutes les lois sociales; qu'il parle avec mépris de toutes les croyances sacrées de l'homme, et qu'il a été même jusqu'à verser une amère ironie sur les sages institutions de notre patrie, la vieille Angleterre.

BYRON, *dont le visage s'est animé peu à peu.*

En vérité? il aurait osé!... Ses regards téméraires auraient découvert que ce qui allait merveilleusement aux esprits des siècles passés pourrait ne pas convenir aussi bien aux hommes que des événemens successifs et de nouvelles idées ont rendus différens de leurs ancêtres? et il se serait permis de dire ce qu'il a vu!... ah! il serait alors tout juste aussi coupable que le peintre qui, représentant aujourd'hui les ruines de Venise, ne donnerait pas à ses palais la splendeur et la magnificence qu'ils ont eues jadis!... Est-ce la faute de Byron s'il est né au milieu de ces siècles de révolutions où les sociétés s'écroulent et se reconstruisent? si son ame énergique s'est prise de pitié pour les petits efforts opposés au torrent des âges, qui use et renouvelle tout? si, devant les grands spectacles offerts à ses regards, il n'a eu que des paroles de mépris pour la platitude et la mesquinerie de cette société dont l'hypocrisie pardonne aux vices qui ne troublent pas son ordre apparent, et repousse le noble cœur qui ose s'en affranchir!..... Ah! ils sentent combien est peu solide cet échafaudage de puissance factice, ceux qui veulent étouffer l'élan des ames passionnées!... Il leur serait plus commode, en effet, d'imposer aux hommes le mouvement régulier, uniforme et machinal des roues de nos usines!... mais il en est que tout le poids de leurs efforts ne peut comprimer!... Qu'eût fait Napoléon si l'espace eût manque à ses conquêtes?... Il est des tems, des lieux où l'ame ne trouve pas l'air qu'il faut à ses ailes!... où elle périt, où elle se ronge, faute d'alimens!... où elle cherche et multiplie les petits intérêts, les petites émotions, les petites passions, pour s'étourdir et oublier qu'il n'est pas de but digne d'elle à la vie qui la dévore!... (*Il prend un ton moqueur.*) Mais, en vérité, j'ai tort de me laisser entraîner à parler ainsi!... il ne faut employer contre de sottes calomnies que le ridicule, seule arme que ne rouille pas le climat pourri de l'Angleterre.

L'ANGLAIS, *aux autres qui se regardent ébahis.*

Ah! mon Dieu!... nous avons été trompés!

LA COMTESSE, *à Senneville.*

J'étais sûre qu'il trahirait l'incognito.

TRELAWNEY.

Lord Byron n'aurait pas mieux dit, messieurs.

L'ANGLAIS.

Nous n'en doutons pas.

BYRON.

Vous avez voulu le voir et l'entendre cet homme que poursuivent tant de petites haines et tant de mauvaises passions!... Allez dire ce que vous avez vu à cette société décrépite qui le mesure d'en bas, et aux écrivailleurs qui usent leurs dents à mordiller le talon de sa botte. Nous sommes, messieurs, vos très-humbles serviteurs.

L'ANGLAIS.

Lord Byron nous pardonnera une indiscrétion que notre admiration doit excuser.

BYRON.

Lord Byron a l'honneur de vous saluer.

L'ANGLAIS, *à Williams, bas.*

Quel est donc l'autre?

WILLIAMS, *bas.*

Je vous le dirai.

(Ils sortent.)

LA COMTESSE.

En vous écoutant, mylord, j'ai oublié l'heure de ma fête et les soins qu'elle m'impose. J'aperçois mon mari qui, sans doute, vient me chercher.

SCÈNE XII.

TRELAWNEY, BYRON, LE COMTE OROBONI, LA COMTESSE, SENNEVILLE.

LE COMTE.

Quelle est donc cette foule qui s'éloigne?

BYRON, *souriant.*

Des compatriotes qui venaient me voir comme une bête curieuse, et à qui j'en ai donné pour leurs guinées.

LA COMTESSE.

Ah! mon cher comte, je vous regrettais ici!..... que ne l'avez-vous entendu!...

LE COMTE.

Des soins importans me retenaient. (*Bas à Byron.*) Ce bal sert à cacher nos desseins. (*Haut à la Comtesse.*) Déjà un grand nombre de personnes sont arrivées, comtesse; la société vous réclame, et les danses vont commencer.

LA COMTESSE.

Vous avez raison!..... mais que n'oublierait-on pas près de lui?... Allons, je veux qu'il soit long-tems parlé de cette fête dans Venise!..... venez avec moi, monsieur de Senneville.

(Des masques, des dominos, des convives parés passent dans le fond; la Comtesse va à leur rencontre et les salue.)

LE COMTE, *sur le devant, bas à Byron.*

J'ai pu réunir ainsi cachés, sous ces masques et sous ces habits de bal, tous les vrais enfans de l'Italie; ils trompent la défiance de nos oppresseurs. Ici, dans cette salle écartée, ils se trouveront tous.

BYRON.

J'y serai.

LE COMTE.

Le tems, l'heure, les moyens d'exécution, nous conviendrons de tout!... Demain, l'Italie sera libre.

BYRON.

Plaise au ciel!...

TRELAWNEY, *à part.*

Je ne trouverai pas un moment pour lui parler!

LE COMTE.

Voyez!..... le nombre augmente à chaque instant. Voilà ce que notre pays renferme de plus généreux et de plus grand!... celui-ci est le noble Montanari; celui-là, le chantre de Francesca di Rimini.

BYRON.

Silvio Pellico!

LE COMTE.

Son ami Maroncelli, Menotti, Borelli, Villa!..... Puisse l'avenir réaliser tout ce que promettent de tels noms!...

TRELAWNEY, *à part.*

Et Guitta qui va peut-être amener sa femme ici!... Est-ce qu'il ne s'en ira pas?

LA COMTESSE, *venant vers eux.*

Que faites-vous là, messieurs? venez, je vous prie; en vous voyant ainsi à l'écart, on vous prendrait pour des conspirateurs, et c'est dangereux ici!...

LE COMTE.

C'est juste, pardonnez-nous!... Allons chercher notre part des plaisirs du bal: vous venez, mylord?

BYRON.

Je vous suis.

TRELAWNEY, *bas.*

Restez!

BYRON.

Viens avec nous.

TRELAWNEY, *bas.*

Il faut que je vous parle.

BYRON.

Qu'y a-t-il donc?..... Veuillez m'excuser: un mot à dire à mon ami Trelawney.

LE COMTE.

Nous vous attendons.

(Il sort par la galerie avec la Comtesse, Senneville et les autres Italiens masqués et non masqués.)

SCÈNE XIII.

BYRON, TRELAWNEY.

BYRON.

Explique-toi donc vite!..... jamais je ne te vis ainsi.

TRELAWNEY.

Dans cette salle, tout-à-l'heure......

BYRON.

Eh bien?

TRELAWNEY.

Elle peut venir.

BYRON.

Qui?

TRELAWNEY.

Elle est à Venise!... dans quelques instans peut-être vous la verrez là, près de vous, et pour toujours, j'espère.

BYRON.

Oh! Trelawney!..... quelle folie!.....

TRELAWNEY.

Vous m'avez deviné, car cette main tremble dans la mienne. Oui, là, dans un moment, vous serez près d'elle!..... près de lady Byron.

BYRON.

A Venise!. . elle!... Ne me trompe pas!... je t'en supplie!.. ne me trompe pas!...

TRELAWNEY.

Lady Byron, vous dis-je, va venir; vous pourrez la voir, lui parler!... il faudra bien qu'elle vous écoute!... quoiqu'elle ignore que c'est vers vous qu'elle vient.

BYRON.

Ah!... elle ne voudra pas m'entendre.

TRELAWNEY.

Du bruit dans la galerie!... serait-ce déjà elle?... (*Il va regarder.*) Oui, Guitta a tenu parole.

BYRON.

Guitta!... que veut dire ceci?

TRELAWNEY.

Je n'ai pas le tems de vous l'expliquer : on vient.

BYRON.

Elle fuira en m'apercevant.

TRELAWNEY.

Ah! c'est possible!..... eh bien! tenez-vous à l'écart!... là, derrière cette portière, vous pourrez la voir et l'entendre.

BYRON.

Huit années, Trelawney!... huit années de douleurs!...

TRELAWNEY.

Allons, cachez-vous, et vous paraîtrez dès que Guitta se sera éloignée!... moi, je m'esquive... (*Byron se cache derrière une portière, à droite de l'acteur.*) Il faudra bien qu'ils s'entendent!...

(Il sort de l'autre côté.)

SCÈNE XIV.

BYRON, *caché*, GUITTA *et* LADY BYRON.

GUITTA.

Entrez, madame, il n'y a personne.

LADY BYRON.

Où me conduisez-vous donc?

BYRON, *à part.*

Cette voix... il y a huit jours... et je ne l'avais pas reconnue!...

GUITTA.

Ne craignez rien, madame. (*A part.*) Où est-il donc? il a voulu sans doute me laisser préparer l'entrevue.

LADY BYRON.

Vous vouliez, disiez-vous, m'éloigner du bruit qui troublait mon repos, me donner une retraite paisible pour les deux heures qui me restent encore à passer dans cette malheureuse ville de Venise, où je n'aurais jamais dû venir? Je vous ai suivie, car vous m'aviez promis que, du nouvel appartement choisi par vous, je pourrais partir sans être vue de personne, échapper ainsi à mes persécuteurs!... Cette salle éclairée, ce bruit qui arrive jusqu'à moi, me surprennent!... Mais vous-même, Guitta, vous semblez inquiète ; vous cherchez, vous attendez quelqu'un!..... Oh! m'auriez-vous trahie? que me voulez-vous? où suis-je? pourquoi m'amener ici?

GUITTA.

Je vous en conjure, pardonnez?

LADY BYRON.

Pardonner!... Quoi donc?

GUITTA.

Je vous ai trompée!

LADY BYRON.

Vous m'effrayez.

GUITTA.

C'est pour votre bonheur.

LADY BYRON.

Comment?

GUITTA.

Il vous aime, il vous regrette, il veut vous voir.

LADY BYRON.

Que dites-vous?

GUITTA.

Je sais tout !... n'avais-je pas vu votre tristesse, pendant ces jours où je cherchais à vous distraire de vos souffrances? ah! mon cœur ne s'y était pas trompé! la plus grande de vos douleurs venait de l'ame!... vous aviez été pour moi si douce et si bonne!..... jugez de ma joie quand j'ai su que celui que vous regrettiez vous aimait encore en secret, autant au moins qu'il était aimé!

BYRON, *caché.*

Qu'entends-je! et c'est Guitta!...

GUITTA.

Que tous ses désirs étaient de vous revoir.

LADY BYRON.

Jamais!

GUITTA.

D'implorer un pardon que vous ne pouvez pas refuser.

LADY BYRON.

Qui donc vous a donné le droit de me parler ainsi?

GUITTA.

Votre malheur!... vous souffrez! un autre aussi souffre loin de vous !... Rapprocher deux cœurs malheureux par l'absence, voilà ce que la pauvre Guitta veut essayer. Je ne suis qu'une fille obscure, je le sais; mais moi aussi j'aime ! et si celui que mon cœur a choisi était séparé de moi, ah ! je bénirais la main qui nous réunirait!

BYRON, *à part.*

Quel étrange mystère!... De qui donc parle-t-elle?

LADY BYRON.

Écoutez-moi, Guitta, je vous dois beaucoup; vous m'avez sauvée d'un péril, et vos soins affectueux ont touché mon cœur!... Je m'étais imposé la loi d'y renfermer à jamais le funeste secret de mes souffrances; j'ignore comment je l'ai trahi, mais vous seule au monde saurez que je quittai mystérieusement la retraite où j'ai pleuré solitaire pendant huit années; les lettres de l'homme qui m'offensa si cruellement parlaient de repentir, j'avais résisté long-tems... je cédai enfin... je partis... qu'ai-je vu pendant mon séjour à Venise! Ah! sachez aussi, Guitta, que trop convaincue de ses torts, je m'éloignerai sans le revoir et sans pardonner!...

GUITTA.

Oh! non, madame!... cette vie solitaire que vous avez menée, ce voyage que vous avez fait, cette voix qui se trouble en parlant de lui, tout me dit que vous l'aimez encore!... Ah! vous pardonnerez!... je le vois dans vos yeux! il faut qu'il vienne!... où est-il donc?... pourquoi ne se montre-t-il pas? il faut que je le trouve et que je l'amène!...

(Elle sort par la porte à droite du fond, et Byron paraît en scène.)

LADY BYRON, *le voyant.*

C'est lui!

BYRON, *à lady.*

Vous ici! vous!...

LADY BYRON, *avec joie.*

Byron!...

BYRON.

Mais ces reproches cruels, ces mots d'offenses, de torts impardonnables?

LADY BYRON.

Puis-je m'en souvenir en sa présence?

BYRON.

Vous pardonnez?

LADY BYRON.

J'oublie.

BYRON.

Et vous aimez celui que vous avez repoussé si long-tems!

LADY BYRON.

Son pays le rappelle ; sa compagne l'est venue chercher !... renoncera-t-il à tout autre intérêt, à toute autre espérance ? la suivra-t-il à Londres ?

BYRON.

Je le jure !

LADY BYRON, *lui tendant la main.*

A vous, Byron !.. et pour toujours !

GUITTA, *qui est revenue et s'avançant entre eux.*

Qu'entends-je ? lui !... vous !...

LADY BYRON.

Qu'avez-vous, Guitta ?

BYRON.

Tout est découvert.

GUITTA.

Mais cela n'est pas !... cela ne peut être.

BYRON, *troublé.*

Guitta !...

GUITTA, *avec égarement.*

Ma raison m'a-t-elle abandonnée ? je ne comprends rien !... je ne vois plus rien !... (*A Byron.*) Pourquoi êtes-vous là ? qu'y faites-vous ? (*A lady Byron.*) Cet homme que vous aimiez, que vous cherchiez, qui est votre époux, le père de votre enfant, où est-il ?

LADY BYRON.

C'est lui !... Ne le saviez-vous pas ?

GUITTA.

Quoi !... cette femme qu'il adorait encore, malgré sa cruauté et ses dédains ?...

LADY BYRON.

C'était moi !

GUITTA, *poussant un cri.*

Oh !... Mais cela n'est pas vrai !... cela n'est pas possible !... (*Elle tire son stylet de sa ceinture.*) Dites que cela n'est pas vrai !...

BYRON, *lui arrachant le stylet.*

Guitta !... malheureuse !... qu'allez-vous faire ?

GUITTA, *revenant à elle.*

Ah !... je vois tout maintenant ! j'ai été indignement trompée !... Oh ! c'est infâme !...

BYRON

Guitta !...

GUITTA.

Je te répète que c'est infâme !... Mais ne crains rien !... C'est la mère de ton enfant !..... tu l'aimes !..... mon Dieu !..... il l'aime !... Allons, il n'y a que moi de trop ici !...

LADY BYRON.

Quel égarement !...

GUITTA.

Mylord... la pauvre Guitta vous pardonne !... adieu !...

(Elle sort en désordre.)

BYRON, *faisant quelques pas pour la suivre.*

Oh !... je ne souffrirai point.....

LADY BYRON, *d'un ton de reproche.*

Ah !... mylord !...

BYRON, *à part, s'arrêtant.*

Que faire ?

SCÈNE XV.

LE COMTE OROBONI, BYRON, LADY BYRON, CONJURÉS ITALIENS.

LE COMTE.

Byron, nous accourons vers vous : il faut agir.

BYRON.

A présent ?... non, non !... (*Allant vers lady Byron.*) Plus de combats ! plus de glorieux projets !...

LE COMTE.

Qu'entends-je ?... Tout est perdu peut-être, si nous tardons ? Votre secours, vos conseils, votre bras à l'instant même.

BYRON.

Ah ! ce que j'ai tant souhaité !... Mais dans quel moment, grand Dieu !

LADY BYRON, *avec effroi.*

Byron, qu'arrive-t-il encore ?

BYRON.

Que le ciel soit maudit, pour exaucer ainsi mes vœux !... Mais il ne m'aura pas vaincu !... (*Au Comte.*) Le signal est-il donné ?

LE COMTE, *indiquant un conjuré.*

Mescantini doit sonner le tocsin à l'église de St-Marc.

BYRON.

Qu'il parte !... Et vous, messieurs, dispersez-vous !... chacun à son poste ! Moi, partout !... Le lieu de réunion : le vaisseau *l'Hercule* mouillé dans le port ; le mot d'ordre pour y entrer, ma devise : *Crede Byron !* le mot de ralliement pour combattre, *Liberté !...*

TOUS, *à demi-voix.*

Liberté !... liberté !...

SCÈNE XVI.

La COMTESSE, le COMTE, TRELAWNEY, BYRON, Lady BYRON, la Foule.

TRELAWNEY.

Liberté?... Savez-vous ce que c'est que la liberté dans ce pays, et ce que produit ce mot?..... Dix mille baïonnettes étrangères cernent le palais où vous avez osé le prononcer.

TOUS.

Ciel!...

BYRON, *avec une ironie amère.*

Bien!... Il en devait être ainsi, messieurs! Votre cause était celle de l'honneur: vous n'aviez pour vous que le courage et la vertu!..... pourquoi donc auriez-vous réussi?

LADY BYRON, *à part.*

Toujours mêlé à des complots!

LA COMTESSE, *entrant avec la foule des conviés du bal.*

Comte, vous le savez sans doute, des soldats entourent le palais, je crains de deviner.....

LE COMTE.

J'ai fait mon devoir.

LA COMTESSE.

Et je connais le mien!

SCÈNE XVII.

Les Mêmes, SENNEVILLE.

SENNEVILLE.

Margarita Cogni vient de se précipiter du haut de la terrasse dans les eaux du canal.

BYRON, *courant vers le fond.*

Juste ciel!..

TRELAWNEY, *à Senneville.*

Et vous ne vous y êtes pas jeté après elle?

SENNEVILLE.

Je ne sais pas nager.

BYRON.

A moi, Trelawney!... Il faut la sauver à tout prix.

(Au moment où ils vont pour sortir, toutes les issues se garnissent de soldats autrichiens; on entend au dehors un roulement de tambours.)

UN OFFICIER.

Qui que ce soit ne sortira d'ici.

TRELAWNEY.

C'est ce qu'il faudra voir !... (*Il donne un croc en jambe à un soldat, en bouscule un autre, et s'échappe en criant:*) Ne craignez rien, mylord, je vais sauver Guitta.

L'OFFICIER.

J'ai reçu l'ordre d'arrêter le comte Oroboni et tous les Italiens ici présens : lord Byron, en sa qualité d'Anglais, sera libre demain!

LORD BYRON.

Je remercie les canons de la flotte anglaise !... Il est dommage que la justice n'ait pas, pour se faire entendre, une voix aussi puissante que la leur.

(Consternation générale ; la toile tombe.)

FIN DU DEUXIÈME ACTE.

ACTE III.

Même décoration qu'au premier acte.

SCÈNE PREMIÈRE.

TRELAWNEY, *debout;* LA COMTESSE, *assise près de Guitta.* GUITTA, *sur le divan.*

GUITTA, *triste et pensive.*

C'était sa femme !

LA COMTESSE.

N'y pense plus, Guitta !..... Le Ciel, que tu pries chaque matin avec tant de ferveur, viendra à ton secours : il effacera ce cruel souvenir.

GUITTA.

Oui, je veux l'oublier !..... Mais, Trelawney, pourquoi m'avoir sauvée?

TRELAWNEY.

Voilà une jolie question !... Une armée entière n'aurait pas réussi à m'en empêcher.

GUITTA.

Depuis hier que s'est-il donc passé ici?

LA COMTESSE.

Les troupes étrangères ont cerné le palais au milieu du bal : le reste de la nuit s'est passé à interroger dans l'ombre et le mystère tous ceux qui étaient ici ; quelques-uns déjà ont été relâchés ; mais le comte Oroboni et ses amis les plus intimes sont encore renfermés dans une salle du palais, où personne ne peut pénétrer. J'ai lieu d'espérer pourtant qu'il n'y a contre eux aucune preuve, et que bientôt ils seront rendus à leurs familles.

TRELAWNEY, *à part.*

Plaise à Dieu !

LA COMTESSE.

Ah ! il faut fuir l'Italie... Nous partirons, nous irons en France, dès que le comte sera libre. Je t'emmènerai, Guitta ; c'est convenu... avec lui !... N'est-il pas vrai que tu viendras?

GUITTA, *rêveuse et distraite, prend vivement la main de la Comtesse.*

Oh!... Il est impossible que cette froide Anglaise l'ait jamais aimé comme moi!... Il me regrettera, n'est-ce pas?

LA COMTESSE.

Ne parlons plus de lui. (*A Trelawney.*) Avez-vous vu M. de Senneville?

TRELAWNEY.

Je l'attends : nous avons un rendez-vous..... Eh! tenez, le voici.

SCÈNE II.

TRELAWNEY, SENNEVILLE, LA COMTESSE, GUITTA.

LA COMTESSE.

Approchez, monsieur : on dit que vous vous préparez à partir.

SENNEVILLE.

Dès que j'aurai causé quelques instans avec monsieur : s'il me reste, après cela, quelques conversations à faire, ce sera hors de ce pays.

LA COMTESSE, *le tirant à l'écart.*

Si je réclamais de vous un grand service?

SENNEVILLE.

Vous savez, madame, qu'un mot de vous eût empêché mon départ!...

LA COMTESSE.

Si je vous priais de protéger notre fuite?

SENNEVILLE.

Vous reviendriez en France?... vous!.. Oh! madame, ma vie est à votre disposition!... si toutefois monsieur n'en a pas disposé dans un moment.

LA COMTESSE.

Que signifie cela?

TRELAWNEY.

Rien, madame!... Une querelle d'enfant!... mais cela peut se remettre. (*A Senneville.*) Jeune homme, c'est sans doute votre première affaire, et vous tenez à montrer votre courage; c'est fort bien?... Moi, je n'ai pas les mêmes motifs, et d'ailleurs de graves intérêts demandent tout mon tems. Écoutez donc : nous sommes aujourd'hui au 22 mars 1823; le 22 mars 1825, je serai à Paris : nous nous reverrons, et si votre colère dure encore, nous pourrons reprendre la conversation au point où nous la laissons aujourd'hui. Touchez là!...

SENNEVILLE.

Soit, monsieur!... (*A part.*) Un voyage avec elle! Quel bonheur!

LA COMTESSE.

Viens, Guitta!..... Monsieur de Senneville, donnez-moi la main; je vais vous expliquer ce que j'attends de votre obligeance: il faut quitter ce pays le plus tôt possible.

(Elles rentrent par la porte du premier plan, à gauche de l'acteur.)

SCÈNE III.

TRELAWNEY *seul*, *puis* BYRON.

TRELAWNEY.

Oui, moi aussi, je dois quitter ce pays!..... mais seul!..... quand j'espérais partir avec Byron!... Enfin, il est heureux!... il le croit!... Je n'ai donc rien à regretter!..... C'est lui que j'aperçois..... Comme il est rêveur!..... Il ne me voit même pas!..... Ne l'interrompons point : attendons!...

(Il se tient à l'écart.)

BYRON, *sur le devant*, *sans voir Trelawney.*

Je suis heureux!..... oui, certainement!... Me voici arrivé au but de mes désirs... je suis heureux!... Mon ame avait parcouru tous les chemins de la vie pour chercher le bonheur; et nulle part il ne s'était rencontré sur ma route!... Peut-être n'est-il en effet que dans ces voies long-tems fréquentées où jusqu'à présent j'avais dédaigné de marcher? Peut-être la longue expérience acquise avant nous vaut-elle mieux que cette ardente impatience dont l'agitation a fatigué ma vie? Oui... maintenant enfin le repos!... Ces projets de délivrance formés pour l'Italie, il y faut renoncer!... De ce côté, tout est fini!... La pauvre Guitta..... Ah! chassons cette idée!..... Sa résolution de partir avec la comtesse, sa résignation, me rendent le calme après lequel je soupire!... Ma femme, ma compagne, celle qui porte mon nom, est ici... Bientôt je vais revoir mon Ada, mon enfant!...

TRELAWNEY, *s'avançant.*

Je ne sais pas en vérité si l'ancien ami d'un ex-mauvais sujet peut oser saluer encore, même avec la plus profonde vénération, un si respectable père de famille.

BYRON, *souriant.*

Ah! te voilà, mon joyeux compagnon!

TRELAWNEY.

Joyeux? oui!... mais votre compagnon? non.... Vous entrez

dans les voies de la sagesse ; du diable si je saurais vous suivre dans ce chemin-là !

BYRON.

Ne faut-il pas enfin quitter le métier de jeune homme, et céder la place à d'autres?

TRELAWNEY.

Où avez-vous vu, s'il vous plaît, qu'on cède une bonne place sans se faire prier?. . Quant à moi, j'imite nos hommes d'état; je garde la mienne le plus long-tems possible!... et, afin d'occuper mes beaux jours, je vais les risquer pour la délivrance de la Grèce.

BYRON.

J'ai souvent pensé, depuis 1814, que le monde n'est digne ni de la peine qu'on prend pour le conquérir, ni du regret qu'on éprouve à le quitter.

TRELAWNEY, *avec ironie.*

Oh ! sûrement!... il vaut bien mieux vivre en honnête bourgeois ; respirer à l'aise dans le large fauteuil de son grand-père, en s'occupant des réparations à faire dans son vieux château !..... On a encore, pour se divertir, les assemblées du comté ; puis parfois, mais rarement, de peur de trop prendre le goût de la dissipation, on peut se donner le plaisir d'une chasse au renard ; et toute l'année, par exemple, on a celui de haïr ses voisins et de médire de l'espèce humaine.

BYRON, *souriant à moitié.*

Veux-tu te taire, Trelawney?... Je te dis que je suis heureux !... Fatigué de cette vie errante, sans repos, sans considération, qui a rempli mon ame d'amertume ; lassé de ces amours qui n'apportent avec eux que trouble et regret, je veux trouver le bonheur dans des liens formés par l'estime, dans le calme, dans la paix...

TRELAWNEY.

Que je vous souhaite avec le Paradis à la fin de vos jours. Moi, qui ne suis pas si sage, je vais tâcher de m'amuser encore, et si Votre Grâce veut laisser à ma disposition le bâtiment qui devait nous conduire en Grèce, j'irai tenter seul.....

BYRON, *vivement.*

Ne parle pas de cela, Trelawney!... La Grèce!... Ah! je devais courir aussi vers ce noble pays dont le peuple secoue ses fers, dans l'espoir de les rompre!... Je devais l'aider à briser un joug odieux!..... Là, j'aurais pu donner asile à la liberté qu'on voudrait bannir du monde!... A cette liberté tant appelée, tant souhaitée des peuples, j'aurais offert ou ma mort ou ma gloire!... C'était un noble projet!... Mais non, non!... Cette gloire encore eût été comme les autres illusions, trompeuse et cruelle !... Qu'importe qu'un nom de plus surnage dans les siècles à venir ? J'y ai renoncé !... Va, mon ami, pars, dispose de tout !... Mais, par grâce, ne m'en parle plus !... Je te l'ai dit : mes adieux à la renommée, au génie, à la gloire, sont sans retour !... Exécute seul les plans que nous avions formés ensemble ; conduis ces soldats qui m'attendent ; ne laisse pas connaître tous les desseins qui m'avaient occupé !... Pour gouverner les hommes, il ne faut pas devancer leurs idées, mais les suivre !... Va, adieu !... Ne reste pas plus long-tems ici : ta présence me rappelle tout ce que je veux oublier !..... Je ne te parle pas de moi !... Tu le sais, nous l'avons souvent répété, on est heureux ou malheureux dans ce monde par des choses qu'on ne dit point et qu'on ne peut dire... Mais, cette fois du moins, si le bonheur ne me trouve pas, ce ne sera pas faute d'être resté tranquille pour l'attendre.

TRELAWNEY.

Voilà une si grande sagesse, que j'ai peur que ce ne soit une folie !... Mais je me tais !... Ces choses-là ne sont pas de mon ressort !... Et maintenant donc, adieu !... Que je serre encore cette main, Byron !... Le monde un jour saura tout le génie du grand poète ; moi seul, peut-être, j'aurai su toute l'ame du meilleur des hommes !... Adieu !...

(Il détourne la tête et essuie une larme.)

BYRON, *lui serrant la main.*

Trelawney !... mon ami !...

TRELAWNEY.

C'est la première !... Elle me fait mal !... Allons, je partirai aujourd'hui même !..... J'ai besoin de quelques coups de canon pour effacer cela !... Adieu !.....

SCÈNE IV.

BYRON, *seul.*

C'était un ami !... Et combien peu en trouve-t-on dans la vie ?... Mais ce sacrifice encore à lady Byron, à elle, à son repos, à son bonheur !... J'ai tout promis !... Son amour me tiendra lieu de tout !... Qui vient ?... Ah ! c'est Guitta !...

SCÈNE V.

BYRON, GUITTA.

GUITTA, *pâle et languissante.*

Oh ! ne vous éloignez pas, mylord !..... Ce n'est plus cette femme qui s'emportait au moindre soupçon, se désespérait à la moindre inquiétude ; c'est une pauvre fille qui vient en tremblant dire à celui qui l'aima un triste et dernier adieu.

BYRON.

Vous voir ainsi m'afflige, Guitta.

GUITTA.

Ne craignez pas mes reproches!... Non ; tout est fini pour la malheureuse Guitta!. . Elle a eu de beaux jours!... Ils ont été courts, il est vrai ; mais ils composeront toute sa vie!... Ceux qui les ont précédés ne comptent plus pour elle!... Ceux qui suivront seront employés à s'en souvenir, à repasser dans son esprit tous les instans où elle vous a vu, toutes les paroles qu'elle vous a entendu dire!... Il y a, voyez-vous, des mots qui sont restés là... une voix qui retentit encore dans mon cœur, dans ma pensée!... Vous rappelez-vous quand vous disiez : Guitta, je t'aime!... Eh bien! je les entends encore, ces mots!... C'est la même voix, la même inflexion!... Je les garderai avec moi... même pendant que vous les direz à une autre!... Ils demeureront là!..... Je sais bien que c'est une illusion!... mais elle durera plus que mon bonheur.

BYRON, *à lui-même.*

J'étais préparé à des reproches ; mais cette douleur tranquille et profonde, je ne puis la supporter.

GUITTA.

Pourquoi détourner les yeux?... Craignez-vous donc de me regarder?... Oh! ne me haïssez pas, du moins!

BYRON, *ému.*

Te haïr, ma pauvre enfant!...

GUITTA.

Non!..... Cette voix, elle est douce, elle est émue comme celle que je crois entendre sans cesse, et qui disait : je t'aime!... Oh!... Nolly, Nolly, si tu pouvais le dire encore une fois, il me semble que je mourrais contente!...

BYRON.

Ah!...

GUITTA.

Une seule fois encore dis-moi : je t'aime!

BYRON.

Pourquoi le ciel m'envoie-t-il de pareilles épreuves?..... Guitta, Guitta, il faut partir!... car je mentirais, je serais faux et trompeur, si je refusais de te dire : je t'aime! mais va-t'en!... Pars!... pars à l'instant.

GUITTA.

Ah! je n'envie rien à personne maintenant!... ne me cache pas cette expression de tendresse et de douleur que je vois malgré toi sur ton visage!... ô mon Dieu!... cette pauvre fille a donc le pouvoir de donner du bonheur ou des regrets à cet homme si supérieur à elle, si supérieur à tous?.. car ils t'admirent, ils t'envient!... et moi je t'aime!... mais ce n'est pas assez pour payer un regret de ton cœur!... que puis-je donc faire encore?

BYRON.

Guitta, tu m'as aimé d'un amour vrai, tendre, sincère... va, mon enfant, c'est beaucoup!... c'est tout!

GUITTA.

Ecoute!... Pour un bonheur comme celui d'être aimée de toi, il faut un dévouement que rien ne puisse égaler.

BYRON.

Que veux-tu dire?

GUITTA.

Je t'ai aimé!... et quelle femme n'en eût fait autant? mais tu me connais; tu sais combien Guitta était fière et jalouse!... eh bien! cette jalousie, qui brûle mon cœur, je la renfermerai! ces paroles d'amour qui s'échappent de mes lèvres quand je te vois, je les retiendrai! Mes yeux se détourneront de tes yeux; ma main ne cherchera plus ta main; je resterai là près de toi, froide, insensible, comme le marbre de nos statues!... mais je serai là... tu permettras que je reste!

BYRON.

Toi, Guitta!...

GUITTA.

Oh! ne t'effraie pas!... Guitta ne sera plus que la pauvre fille qui a soigné lady Byron.

BYRON.

Quoi!... tu voudrais...

GUITTA.

Si tu partais sans moi, j'ignorerais toujours si tu es heureux! Oh! laisse-moi te suivre, mais comme une esclave!... cachée dans un coin de la maison, je te verrai..... quelquefois de loin!... je saurai que tu es là... les mers ne nous sépareront pas!... je pourrai encore entendre ta voix!...

BYRON.

Ah! ne pense pas à cela!... ce que tu veux est impossible.

GUITTA.

Mais... je l'aimerai aussi, elle!... je la servirai!... je la verrai t'aimer, et je ne dirai rien!... alors, elle ne croira pas à mon amour!... tout le monde l'oubliera... excepté moi!... je resterai calme!.. aucun regard, quelque attentif qu'il soit, ne pourra deviner ce qui se passera là!... je te verrai près d'elle... lui parler d'amour... et mes yeux resteront secs!... tu pourras devant moi la presser sur ton cœur... et elle ne me verra point pâlir !..... A présent, crois-tu que je t'aime ?

BYRON.

Je n'en doutais pas !

GUITTA.

Va, c'est quelque chose d'être aimé ainsi !... sur qui aurais-tu les mêmes droits, le même empire? qui te donnerait ainsi plus que sa vie?

BYRON.

Au nom du ciel, arrête !... je ne veux pas t'entendre ; je ne le peux pas!... c'est moi, moi qui te supplie, Guitta, de ne point parler ainsi !

GUITTA, *avec joie.*

Je te fléchirais donc ?...

BYRON, *à lui-même et marchant vivement.*

Ah !... le passé laisserait-il des traces ineffaçables? et trouverais-je dans mes anciennes erreurs d'invincibles obstacles à mes projets à venir?

GUITTA.

Que dit-il ?

BYRON.

Non, non !... mon ame s'indigne de sa propre faiblesse !..... tous ces liens qui m'enchaînent, j'aurai le courage de les rompre ! Écoutez, Guitta !

GUITTA.

Dieu !... comme vous voilà maintenant froid et sévère !

BYRON, *avec amertume.*

Cet amour que vous exprimez, cette exaltation si vive, un jour aussi, comme les autres illusions, ils périraient par le dégoût et l'ennui !... ne vaut-il pas mieux briser la fleur éclatante que la voir s'effeuiller et se flétrir ?... partez, Guitta !... partez !... c'est un dernier adieu !

GUITTA.

Quel changement dans l'expression de vos traits !... que s'est-il donc passé ?

BYRON.

Pauvre enfant !...

GUITTA *va se placer sur le divan et pleure.*

Mon cœur n'y peut rien comprendre !

SCÈNE VI.

BYRON, LA COMTESSE, GUITTA.

LA COMTESSE.

Que vois-je?..... Guitta ici !... près de vous !...

BYRON.

Pour la dernière fois.

LA COMTESSE.

Je viens, mylord, solliciter votre complaisance.

BYRON.

Parlez, madame.

LA COMTESSE.

Les agens de l'autorité se disposent à s'éloigner : on assure qu'aucune preuve ne permet d'attenter plus long-tems à la liberté d'Oroboni et de ses amis, et j'ai conçu un projet que vous seul pouvez rendre exécutable, au milieu de la surveillance qui poursuivra toutes les démarches d'Oroboni.

BYRON.

Comment cela? veuillez vous expliquer.

LA COMTESSE.

Je veux arracher mon mari aux périls, en l'emmenant en France. M. de Senneville m'accordera le passe-port demandé pour lui-même ; et, pendant que la foule, qui cherche à vous voir, remplira ce palais, nous pourrons échapper, je l'espère, à la vigilance soupçonneuse qui nous entoure. Une occasion semblable ne se retrouverait peut-être jamais!... y consentez-vous?

BYRON.

Ah!...... si vous hésitiez un instant à le croire, je ne vous le pardonnerais pas!... Allons! que ce talent poétique, qui n'a rien pu pour mon bonheur, serve du moins au salut d'un proscrit!..... disposez de moi, de mes actions!... et puissent des jours heureux luire pour vous sur les terres de France!...

LA COMTESSE.

Viens, Guitta!... nous nous reverrons, mylord!...

GUITTA.

Allons, madame, venez .. un moment encore, et peut-être je n'aurais plus la force de partir!... adieu, mylord!...

SCÈNE VII.

BYRON, *seul.*

Ah! jamais mon front n'avait pâli!.... jamais mon cœur n'avait connu la crainte!... et maintenant je tremble!... Il semble que ma destinée va s'accomplir!..... qu'il y a quelque chose de décisif et d'irrévocable dans cette journée!... Pourtant, tout ce qu'elle avait de cruel n'est-il pas fini?... tous les sacrifices ne sont-ils pas faits? ne vois-je pas venir à moi pour toujours celle qui est le prix de tous ces sacrifices? celle que j'ai regrettée huit années ; celle qui va me donner enfin des jours paisibles, purs et heureux ?...

SCÈNE XIII.

LADY BYRON, BYRON.

BYRON, *affectueux et tendre.*

Ah !... vous voici ! il me semble que je suis revenu à ce jour où miss Milbanck daigna écouter les vœux de Byron.

LADY BYRON, *froide, contrainte et tenant un journal dans sa main.*

Dix années se sont passées depuis, mylord, et cependant il est aussi toujours présent à sa mémoire !... Si peu de beaux jours ont lui pour elle, qu'il ne s'est pas effacé ce jour qu'elle n'ose nommer heureux... ou malheureux.

BYRON.

Ah !... dites heureux !

LADY BYRON.

Hélas !...

BYRON.

Ce jour où la main de ma compagne chérie tremblait dans la mienne. (*Il lui prend la main.*) Ah !... je le vois avec joie, cette bague n'a pas quitté votre main !... cette bague, vous en souvient-il, c'était celle de ma mère !... elle était perdue depuis des années, elle se retrouva miraculeusement la veille de notre mariage !... je crus y avoir un présage de bonheur.

LADY BYRON.

Le mariage de votre mère n'avait pas été heureux !... et cette bague était destinée à devenir le sceau d'une alliance plus malheureuse encore.

BYRON.

Ne dites pas cela !... quittez ce ton froid et sévère !... hier vos regards étaient plus doux !... regarde-moi comme hier !...

LADY BYRON.

Hier j'ai cru à vos paroles.

BYRON

Pourquoi douteriez-vous aujourd'hui ?

LADY BYRON.

Parce qu'elles sont fausses et trompeuses.

BYRON.

Vous ne le croyez pas !

LADY BYRON.

J'en ai la preuve.

BYRON.

Vous ?

LADY BYRON.

Moi !

BYRON.

C'est impossible !

LADY BYRON, *lui présentant le journal.*

Tenez, la voici !... regardez !

BYRON.

Dieu !...

LADY BYRON.

Faut-il que je vous les lise moi-même ces vers qui vont instruire l'Europe entière de vos vrais sentimens pour moi ?

BYRON, *à lui-même.*

Malheureux !... et j'avais oublié !... Ah ! tout est fini !

LADY BYRON.

Déjà ces imprécations de votre haine étaient lues en tous lieux, pendant que vous m'assuriez ici de votre amour.

BYRON.

Le ciel m'a puni, et par mes propres mains !

LADY BYRON.

Je ne répondrai pas à ces odieuses calomnies !..... mais vous voyez maintenant ce que pouvaient être pour moi les trompeuses paroles qui cherchaient à me convaincre, moi... qui venais de lire le fond de votre pensée.

BYRON.

Ah ! ce n'est pas le fond de ma pensée !... la violence même de ces reproches atteste le désespoir qui m'égarait.

LADY BYRON, *très-froide.*

Rien de plus, mylord !... quand mon cœur a trouvé dans la plus intime et la plus chère de ses affections l'ennemi le plus impitoyable, il lui doit être permis de se fermer à jamais.

BYRON.

Il est donc vrai !..... le passé a détruit pour toujours les espérances de l'avenir ! le retour vers ce que j'ai perdu est devenu impossible !...

LADY BYRON.

Cependant, mylord, hier j'ai promis... je tiendrai toutes mes promesses !... mon oubli du passé imposera au monde un semblable oubli... vous reprendrez le rang qui vous est dû... vous retrouverez votre fille... qui n'avait appris qu'à vous pleurer... et vous n'entendrez pas un reproche de celle qu'une destinée cruelle nomma votre femme.

BYRON, *amèrement.*

Ah ! sans doute !... je la verrai soumise et résignée, n'est-ce pas ?

LADY BYRON.

Soumise et résignée.

BYRON.

Sans souvenir d'amour, n'est-il pas vrai?

LADY BYRON.

Sans souvenir de haine ni amour.

BYRON.

Ne comptant pas sur le bonheur?

LADY BYRON.

Ne l'espérant plus que dans le ciel.

BYRON.

N'aimant rien sur la terre?

LADY BYRON.

Il me reste encore mon enfant!

BYRON, *accablé.*

Ah!...

LADY BYRON, *à part.*

Mon cœur est brisé!... sortons!... (*Haut.*) Mylord!... j'attendrai vos ordres!...

(Elle sort avec quelque émotion par la porte du premier plan à droite.)

SCÈNE XV.

BYRON, *seul.*

Bien!... voilà le dernier arrêt que me réservait le Ciel!..... Mon Dieu, tu sais si cette résignation désespérante ne serait pas pour mon ame une éternelle torture!..... Ah! il est tems que ce cœur se glace, puisqu'il a cessé d'émouvoir le cœur qu'il a voulu toucher!..... terrible et irrévocable destinée, tu n'admets donc point le pardon?...je périrai en luttant contre tes décrets! (*Son visage s'anime, il semble prendre une soudaine résolution.*) Mais je ne périrai pas tout entier!.. il restera quelque chose de moi!..... et, jusqu'à ma mort même, rien n'aura été inutile et sans fruit!...Allons, derrière moi la route est fermée!... en avant donc!... maintenant tout est décidé!... (*Il écrit sur des tablettes.*) Williams!... (*Le valet de chambre entre.*) Ces tablettes à Trelawney, et qu'on ne perde pas un instant!... (*Williams sort.*) Mon avenir est fixé!...

SCÈNE X.

BYRON, LA COMTESSE, FOULE *qui arrive et se grossit peu à peu, en se tenant dans le fond, puis* SENNEVILLE.

LA COMTESSE.

Mylord!... j'ai mis votre obligeance à profit.

BYRON.

Vous avez bien fait!... (*Bas.*) Et tout est préparé?

LA COMTESSE, *bas.*

Tout!... je n'attends plus que la liberté de mon époux : au milieu de cette foule, nous passerons inaperçus.

BYRON, *bas.*

Comptez sur moi!... (*A la foule.*) Vénitiens hospitaliers, qui avez adouci l'amertume de mes chagrins, venez recevoir les adieux de Byron!... mais ce n'est point pour son ingrate et froide patrie qu'il va quitter ces doux climats.

LA COMTESSE.

Comment?...

BYRON.

Le sort en est jeté!... c'est à la vieille Europe que j'adresse aujourd'hui ce solennel adieu!... Approchez tous, et écoutez ces vers, les derniers que ce beau ciel m'inspira.

Je suis né sur un sol où l'homme est fier de naître,
La haine m'a proscrit, je pars!.. Un jour peut-être
On y viendra chercher l'empreinte de mes pas...
Terre de mes aïeux, je ne te maudis pas!...
Mais que mon cœur se glace avant que je t'oublie,
Pays aimé du ciel, noble et belle Italie!...
Que j'ai versé de pleurs sur ta captivité,
Vieux berceau de la gloire et de la liberté!...
Ah! des grands souvenirs mère auguste et féconde,
Ton histoire fatale est l'histoire du monde :
La liberté se lève, elle règne!... Sa voix
Éveille un peuple enfant, et fait tonner ses droits!
Bientôt, son sceptre tombe aux mains de la victoire.
L'univers ébranlé frémit!... Et quand la gloire
A prodigué le sang et l'or des nations,
Les vices, les besoins et les corruptions,
De la gloire, à leur tour, dévorent l'héritage :
Puis derrière eux se dresse et grandit l'esclavage!...
Ah! de tes fers tu secoueras l'affront,
Reine de la beauté, reine de l'harmonie,
Dans tes champs consolés les héros renaîtront,

Et ta couronne rajeunie
D'un immortel éclat brillera sur ton front!
Et toi, Venise, adieu!... Sur cette mer tranquille,
Debout, comme un vaisseau sur son ancre immobile,
Tu m'apparais!... Hélas, des joyeuses chansons
Le Rialto muet n'entend plus les doux sons!
Sur ta tête ont passé treize siècles de gloire,
Qu'en reste-t-il? A peine un feuillet pour l'histoire,
Mais les rauques accens des esclaves du Nord
Réveilleront un jour ton vieux lion qui dort!...
Et, lorsque, demandant du sang au lieu de larmes,
Ses longs rugissemens t'appelleront aux armes,
Pour d'autres opprimés morts en d'autres climats,
Au fond de mon cercueil je ne l'entendrai pas!
De mon dernier adieu souviens-toi donc, Venise!
On ne doit point pleurer sur sa chaîne! on la brise!...

(*La foule témoigne par des acclamations les sentimens que lui inspirent les vers de Byron.*)

LA COMTESSE.

Quels nobles accens!... Pourquoi donc y mêler des pressentimens si funestes?... Nous nous reverrons dans des tems plus heureux.

BYRON.

Quelque chose me dit que je ne reviendrai pas de la patrie d'Homère et de Thémistocle!

SENNEVILLE, *entrant, à demi-voix à la Comtessse.*

Tout est prêt pour votre départ.

LA COMTESSE, *bas.*

Attendons mon mari!... Je sais que les interrogatoires sont terminés; il va m'être rendu!... Et tenez, les soldats qui sortent du palais.

SCÈNE XI.

GUITTA, BYRON, TRELAWNEY, LA COMTESSE, SENNEVILLE.

BYRON.

Te voilà, mon ami!... Que vois-je?... Guitta!...

TRELAWNEY.

Oui, mylord, quand vos tablettes m'ont été remises, dans ma joie, je n'ai pu lui cacher que vous veniez en Grèce pour combattre avec nous !

GUITTA.

Et Guitta s'est souvenue du page de *Lara ;* la voici, Byron !... à tes côtés !... toujours et partout.

BYRON.

Chère Guitta !

TRELAWNEY.

Le bâtiment n'attend plus pour mettre à la voile que la présence de lord Byron.

LA COMTESSE.

Mais que vois-je ?

BYRON.

O ciel !...

(Des soldats autrichiens arrivent et se rangent dans le fond en écartant la foule qui garnit les côtés.)

SCÈNE XII.

TRELAWNEY, BYRON, LE COMTE, LA COMTESSE. M. DE SENNEVILLE, GUITTA, CONJURÉS, SOLDATS AUTRICHIENS.

LA COMTESSE, *allant vers son mari.*

Ils disaient que tu allais être libre !.. les misérables m'ont trompée !...

LE COMTE.

Ils ont craint tes démarches et tes prières.

LA COMTESSE.

Ils disaient qu'il n'y avait pas de preuves !

LE COMTE.

Ne suffit-il pas qu'il y ait un soupçon ?

LA COMTESSE.

Malheureux !...

LE COMTE.

Gloire !... liberté !... patrie !... il ne me reste rien !

LA COMTESSE.

Une femme qui t'aime, Oroboni, qui te suivra, et qui adoucira ta noble captivité.

BYRON.

Et l'avenir qui vous vengera !...

LE COMTE.

Adieu, Byron !... je vais trouver la mort dans les prisons du Spielberg !...

BYRON.

Adieu, Oroboni !... je vais chercher la mort pour la délivrance de la Grèce !...

FIN.

www.ingramcontent.com/pod-product-compliance
Ingram Content Group UK Ltd.
Pitfield, Milton Keynes, MK11 3LW, UK
UKHW020351180726
13839UKWH00003B/1038